伝えたい味

城戸崎 愛

「昭和の子」と、味の十字路

生真面目に生きてきた83年の私の軌跡を、ここにあらためて確かめるチャンスをいただけたことに感無量です。昔の私は一見、元気そうでしたが、実は体も気持ちもいたって弱い、落ちこぼれでした。20歳頃までは、無口で控えめだった女の子が、どうして今の私として存在しているのか、自分自身びっくりしている昨今です。ここ数年、料理の講習とは別に、さまざまな世代の方に向けて講演をする機会があるのですが、「味の十字路」という演題でいろいろなお話をしています。この内容については後述いたしますが、その前に「味の十字路」に至るまでの、私の歩いてきた道を、少し述べさせていただきたいと思います。

１９２５年（大正14年）７月１日、森田家三人兄姉の末っ子として、神戸に生まれました。布引の瀧の近くで７歳まで育ち、父の転勤で東京、本郷西片町に移りました。２年後に現在も実家のある小石川に落ち着きましたが、途中２度の転校を経て東京府立第二高女（現在の都立竹早高校）に進学。学校のすぐ近くに住むという、今思うとまさに孟母三遷の教えそのもので、多分に教育熱心な両親でした。樹齢四百年の梅の木のそばに建てられた小石川の家は、太平洋戦争末期の強制疎開で壊されてしまいました。

生まれた翌年に年号が昭和に変わりましたから、私は「昭和の子」として育ち、昭和の年号と同じく実年齢を重ねることになりました。平凡な女学生として戦中を生き、千代田区三番町にある家政学院に進学して良妻賢母の教育を受けました。10代の後半は一生懸命に勤労奉仕に捧げた青春でした。

戦後はご多分にもれず、栄養失調と過労で結核と診断され、療養生活となりました。以来、結婚してすぐのガンの診断、60歳になってからの糖尿病と、まさに病気の問屋状態でしたが、それを克服できたのはなんといっても「食べることの力」でした。同世代の方達が皆そうであるように、私も身近な人を何人も戦争で失っています。それだけに、残された者として、その方達のぶんも生きていかなければならないと、生きるためにはまず元気になること、それには食べることだと信じて、病と向き合うしか道は開けませんでした。

料理の道へ

食べることは好き、でも作るのは不器用で苦手の私が、なぜ今料理の道にいるかというと、結婚して城戸崎愛となったからです。外地生活の長かった主人も結核療養経験があり、お互い思いやられるのでよいのでは、と見合い結婚。それがたまたま食通の城戸崎家でした。戦後10年がたち、少しずつ食材も手に入るようになっていましたから、同居の両親を喜ばせるのはなんといっても料理でした。城戸崎家は戦前から東京會舘が大好きだったので、クッキングスクールができたことを婚約中に知った主人は、すぐに入会申し込み書を取り寄せてくれました。そして家中から期待され、温かくスクールに送り出してもらったのです。

ある日、舅が「愛さんにこれを」と１冊の本をプレゼントしてくれました。それがミセス・ビートンの家政学の洋書でした。二千ページにも及ぶ大著で、私には荷の重すぎるほどの立派な宝。巻頭にはカラーイラストでテーブルセッティングの説明があり、中では料理、洗濯、アイロンなどの家事全般、人のもてなし方まで、文字通り家政学のすべてを扱った本でした。私はまずその厚さに驚き、ところどころ主人に訳してもらっては、内容に驚嘆しました。

実家の父は、仕事の関係で２冊持っていた、味の素が作った料理の本「料理相

家政学院大学の江原絢子先生が最近出版された「近代料理書の世界」を先日読ませていただきました。その中の紹介で、この本が1861年に出版され、6万部が完売となったことを知りました。舅はその1部を手に入れ、愛読していたのでしょう。

談」を1冊を持たせてくれました。私はこの本を見て、16歳の時に初めてドーナツを作りました。戦争中、慰問旅行で土浦に行った際にこのドーナツを持参したのですが、こわくて近寄りがたかった先生に差し上げたところ、見たこともない笑顔でおいしそうに食べてくださいました。食べ物を通して「人の和」の力を初めて知った体験でした。今もたいせつにしまっているこの2冊の本は、どちらも男親からのプレゼント、私を陰から押してくれた父達でした。

姑と母からは「ちらしずし」と「雑煮」を伝えられ、これもまた愛読書だった村井弦斎の「食道楽・夏の巻」という本をもらいました。こうして振り返ってみても、料理や食べ物に関係が深く、理解のある環境にあって、まわりの皆が私に料理へ進む道を開いてくれました。恵まれたことだったと感謝しています。

「味の十字路」の中心で

味の十字路とは、昔の方達の「食の文化」にふれ、学び、現代の方達に分かりやすく、料理を通して新しい味を創ることから始まります。縦軸に今昔という時間を、横軸には東洋と西洋という場所を置き、この軸の交差する点に立って、前後左右を眺めると、偏ることがなく、料理の新しい発見、味が生まれるのではないでしょうか。昔からずっと変わらない料理もありますし、新しいヒントもあります。卵焼きとオムレツ、芙蓉蟹のように、生まれた場所は東西違っても、調理法の基礎素材が共通しているものがたくさんあります。この十字路を行ったりきたりしながら、家庭料理を考えてほしいと思うのです。

仕事の関係で、日本列島縦断とまではいかないまでも、東西南北かなり多くの場所を訪れ、それぞれの土地で温かい人達に出会い、自然の気候風土にふれました。そこでご当地ならではのお惣菜をいただくと、胸がいっぱいになりました。昔から伝えられた習慣を守り続け、むだを省きながらも、きちんと手間ひまをかけた料理に出会った時の感動はひとしおでした。

食にすべての鍵あり

70歳を過ぎての手習いで、パソコンを教えてもらい、なんでもすぐに調べられる便利な世の中になったことに驚くと同時に、過剰な情報に疲れてしまうこともあります。このあたりで心を落ち着けて、原点を見直さなければと思うのです。

くり返し言うようですが、「食べ物は生きる力の源」です。健全な精神が宿るには、健全な肉体を育てること、それには次の世代を背負う子供達を健全に育てることがたいせつになります。おとな達は基礎をふまえたふだんの「おかず」を真面目に身につけてほしい、遊びの料理でなく、趣味でもない「心の味」をも育んでください。「食べること」のたいせつさを身をもって体験している「昭和の子」の考えが、お役にたてたら、本当にうれしい限りです。

父から「愛」と名づけられ、名前にふさわしく生きてゆきたいとずっと思ってきました。すべてのものに、愛と思いやりをもちたい、人に対しても、食材に対しても。そして物事を客観的に見て、身の丈に合った生活を謙虚に過ごし、最後まで凛として生き抜きたいのです。

もとの表紙には魚の絵が描かれていましたが、古い画用紙を使って、父がカバーを制作。和とじで、もちろん毛筆描き。結婚後に城戸崎愛の名前を書き添えてもらいました。

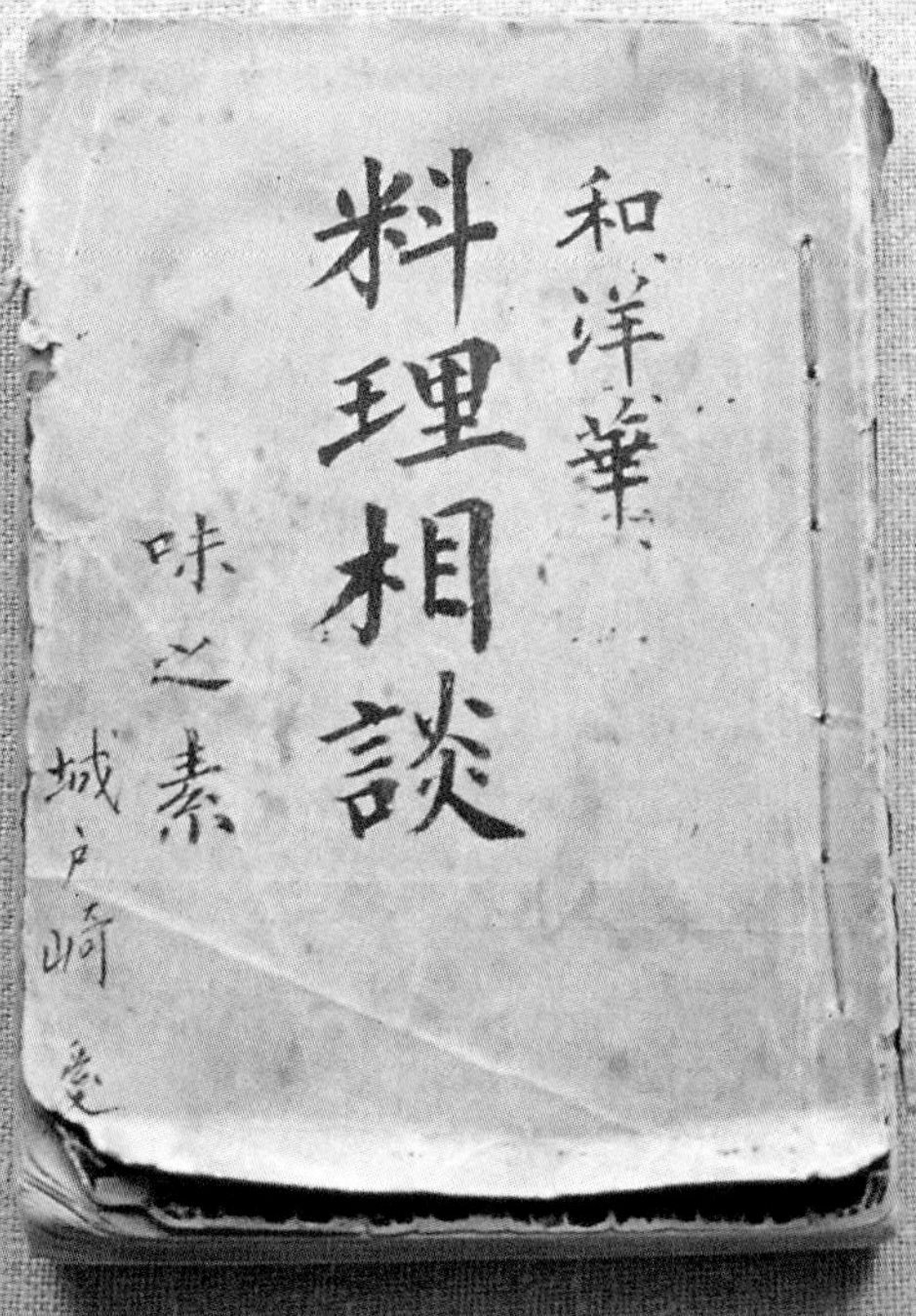
和、洋、華、
料理相談
味之素
城戸崎愛

目次

【第一章】

ずっと好きな味

定番おかずの魅力

雑誌やテレビの仕事では、ある時期、特集やメニューが集中します。春はおすしやお弁当、夏はおつまみや冷たい麺、おいもや、きのこや、ご飯のメニューが続く秋、そして鍋物やシチューの冬……。撮影は、本の発売や放映の数カ月前に済ませますから、いつも季節を先取りして細かいメニューを考え、材料を調達することが続きます。

そんな中で、一年中季節に関係なく、どの時期でもくり返し紹介し続けてきた料理もたくさんあります。この本の編集段階で今までの写真を整理し、人にもいろいろと聞いてみました。「先生の料理では、まず肉じゃがでしょ」「いやいや、じゃがいもといえばポテトサラダ」「フライドチキンは欠かせない」「お肉のおかずの登場回数ではハンバーグが上」「私はオムレツ」「卵だったら親子どんかかつどん」「ご飯メニューならチキンライスかオムライス！」etc.それぞれ違う理由で熱くあげていただいたメニューの中から、かなり悩んだ結果「ずっと変わらない、大好きな味」を厳選してみました。それがこれから紹介する、ハンバーグ、肉じゃが、ポテトサラダ、オムレツ＆オムライス。

ある時は味つけを少し変えてみたり、形を工夫したり、簡単に作れるようにプロセスに知恵を絞ったりもしました。でも次の機会には、また最初の味や作り方が支持される。ちょっと変わっても、また戻ってくる。そのくり返しで続けてきた味です。そこには、いつ食べてもおいしい、いつ作っても同じようにできる、そして家の食卓にずっとあってほしいと思う、「定番のおかず」の基本があるのだと思います。

原点ハンバーグ

材料　4人分

牛ひき肉……400g
玉ねぎ……1個
パン粉……½カップ
牛乳……大さじ3
塩……小さじ⅔
こしょう……少々
ナツメグ……少々
卵……1個
トマトソース
　トマト(完熟)……4個
　玉ねぎ……1個
　サラダ油……大さじ1
　トマトペースト……大さじ1
　バジル・オレガノ・パセリのみじん切り……各大さじ1
　塩・こしょう……各少々
にんじん……1本
A　バター……大さじ1
　　砂糖……小さじ⅓
　　塩・こしょう……各少々
さやいんげん……100g
B　バター……大さじ1
　　塩・こしょう……各少々
サラダ油……大さじ2
バジル……適宜(あれば)
※トマトソースは完熟トマトの代わりにトマト煮缶(大)1缶を使ってもよい。

作り方

1　玉ねぎはみじん切りにする。パン粉は牛乳をふりかけておく。
2　ボウルに牛ひき肉を入れ、ざっとほぐしてから、塩小さじ⅔、こしょう、ナツメグを加えてよく練り混ぜる。1の玉ねぎとパン粉を加え、さらによく練り混ぜる。
3　2のひき肉に粘りが出てきたら、溶きほぐした卵を加えて、練り混ぜ、ラップをかぶせて、冷蔵庫でしばらくねかせて、落ち着かせる。
4　トマトソースを作る。トマトは皮を湯むきし、横半分に切って種を取り除き、粗いみじん切りにする。玉ねぎはみじん切りにする。
5　鍋を熱してサラダ油をなじませ、4の玉ねぎをしんなりと炒め、トマトを加えて炒め合わせる。全体になじんだら、トマトペーストと、バジル、オレガノ、パセリのみじん切りを加える。塩、こしょうで味をととのえ、時々混ぜながら15〜20分煮る。
6　にんじんは7〜8㎜厚さの輪切りにして鍋に入れ、かぶるくらいの水とAの調味料を加えて、弱火でやわらかくなるまで煮る。
7　さやいんげんは筋をとって、色よく塩ゆでにし、半分に切る。Bのバターでさっと炒め、塩、こしょうで調味する。
8　フライパンを熱してサラダ油をなじませ、3を大きめの平たいだんご状に丸めながら2〜3個ずつ入れ、へらでまわりをととのえて、平らな円形に形作りながら焼き始める。きれいな焼き色がついたら裏返し、火を少し弱めて中まで火を通す。残りも同様に焼く。
9　器に5のトマトソースをしき、ハンバーグと6のにんじん、7のさやいんげんをつけ合わせる。あればバジルの葉をあしらう。

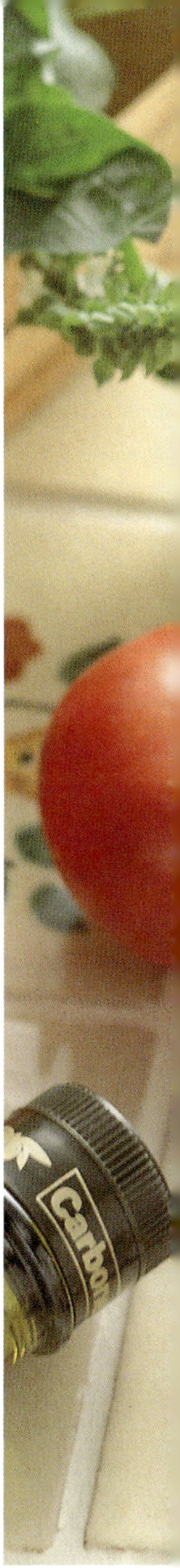

原点のハンバーグ

私が子供の頃、洋食の代表というと、ハンバーグかコロッケでした。家でも作っていましたが、玉ねぎのみじん切りは生のままひき肉に混ぜて焼くものだったと思います。だからこの炒めない玉ねぎ入りのハンバーグが、私の家の原点ハンバーグなのです。今でも作る時は、玉ねぎがさっぱりしているだけに、ソースには生トマトを使って酸味をプラスし、つけ合わせはバターの香り高いにんじんのグラッセといんげんのソテー。昔と変わらない、彩りのきれいなひと皿です。

料理の勉強をするうちに、玉ねぎをきつね色に炒めるコツや、きれいに形作るポイントが分かってきました。雑誌の仕事の中でも、ハンバーグのバリエーションはどんどん広がりました。牛ひき肉を合いびきにしたり、玉ねぎの代わりに長ねぎを使って和風の味に展開したり、ソースを何種類も考えたり。でもそれぞれの味にたどり着いて「これもおいしい」と思っても、また原点ハンバーグに戻ります。どんなに応用問題が進んでも、基礎はいつも見直す場所に置いておきたいと思うのです。

ハンバーグはひと皿のおかず以外にも、お弁当のおかずになり、ハンバーガーとしてパンのメニューにもなります。レタスやトマトと一緒にはさんで食べるとまた違うおいしさがあります。晩ごはんの定番メニューはランチタイムには別の活躍をしてくれます。でもそのあとで思うかもしれません。今度はハンバーガーとは別に、にんじんのグラッセを忘れないようにしようと。いんげんも用意しておかなくてはと。

和風味のハンバーグ

材料　4人分

合いびき肉……400ｇ

長ねぎ……1本

生しいたけ……5枚

しょうがの絞り汁……ひとかけ分

卵……1個

塩……小さじ1強

酒……大さじ1

サラダ油……大さじ2

ソース

（しょうゆ大さじ1½

酒大さじ2　砂糖小さじ2

片栗粉大さじ½）

作り方

1　長ねぎと生しいたけはみじん切りにする。

2　ボウルに合びき肉を入れて手でよく練り、1を加えてよく練り混ぜる。しょうがの絞り汁、塩、酒、溶いた卵を加えてよく混ぜる。

3　4等分にして、円形に形をととのえる。サラダ油を熱したフライパンに入れ、中火よりもやや強めの火かげんで焼く。焼き色がついたら返して、よく火を通す。

4　肉を取り出したフライパンに湯1カップを入れて肉汁をなじませ、ソース用のしょうゆ、酒、砂糖を加える。ひと煮立ちしたら大さじ1の水で溶いた片栗粉を入れて、とろみをつける。皿に盛ったハンバーグにかける。

肉じゃが

材料　4人分

牛赤身薄切り肉……200ｇ
じゃがいも……(大) 4個
玉ねぎ……1個
砂糖……大さじ3
しょうゆ……大さじ2〜3
バター……大さじ2
ゆでた絹さや……4〜5枚

作り方

1　じゃがいもは皮をむいて、4つ割りにして面取りし、水にさらす。
2　玉ねぎはくし形に、牛肉は3〜4㎝幅に切る。
3　鍋にじゃがいも、玉ねぎを入れ、ひたひたの水を注いで、中火にかける。アクをとりながら5分ほど煮る。
4　砂糖としょうゆの半量を加え、牛肉を散らし入れてから残りの砂糖、しょうゆを加える。中火で15分ほど、汁をとばすように煮る。器に盛り、バター、せん切りにした絹さやを上にのせる。

肉じゃが人気の秘密は？

「好きなおかずアンケート」が時々実施されますが、その中で男女問わず、年齢問わず、いつも上位の人気を誇るのが、肉じゃがだそうです。材料は牛肉とじゃがいも、玉ねぎの３種類、ちょっと甘辛い味つけ、他の何も加えない、いちばんシンプルな仕上げが、私の肉じゃがです。作り方のコツは？　というと、じゃがいもの面取りをすることと、味つけを少しの時間差で２回に分けてすることです。こうすることで、じゃがいもの中まで味がしみた、ホクホク感が残る煮上がりになります。煮る順番は、じゃがいもと玉ねぎが先で、牛肉はあとから上にのせてからめます。ここで炒める油を使わない代わりに、仕上げにバターを落としてからめるのです。

大きく切ったじゃがいもが入るお鍋を用意して、ぜひ作ってみてください。じゃがいものうまみと、ほんのり甘みの出た玉ねぎと、やわらかい牛肉とが、それぞれの役割をちゃんと果たしているからこそ、一緒になった時のおいしさが生まれることが分かると思います。白いご飯によく合う、いつでも食べたい、食べあきない味ですね。

もちろん肉じゃがにもたくさんの展開メニューがあります。たとえば、新じゃがを使い、牛肉を豚肉に、玉ねぎを長ねぎに、と材料の種類を３つとも変える肉じゃがもあります。ここでも３つの素材がきちんと役割を果たしていて、いつもの肉じゃがよりも少しボリュームのあるおかずになります。作り方の違いは、新じゃがを丸ごと下揚げしてから煮ること。少し水っぽい新じゃがのおいしさを、中に含んだまま仕上げたいからです。

新じゃがの中華風肉じゃが

材料　4人分

新じゃが……(ゴルフボール大のもの) 12〜14個

豚バラ肉……200g

A｜酒・しょうゆ……各大さじ1
　｜しょうが汁……少々

片栗粉……大さじ1

サラダ油……大さじ3

しょうがの薄切り……ひとかけ分

B｜酒……大さじ2
　｜しょうゆ……大さじ3〜4
　｜砂糖……大さじ$1\frac{1}{2}$〜2

ねぎ……1本

揚げ油……適宜

作り方

1　新じゃがはよく洗って皮をむき、大きければ2つに切る。

2　揚げ油を中温に熱する。1の水気をふいて入れ、皮がうすく色づくまで揚げて油をきる。

3　豚肉は食べやすく切って、Aで下味をつけ、片栗粉をまぶす。

4　中華鍋を熱してサラダ油をなじませ、3をほぐしながら入れて、強火で手早く焼く。焼き色がついたら、しょうがの薄切りを加える。

5　全体を混ぜ合わせ、2を加えて炒める。

6　Bの調味料を混ぜ合わせて鍋肌からまわし入れる。強火でからめて火を止め、器に盛る。

7　ねぎは4cm長さに切って縦に切り込みを入れる。芯を取り除いて開く。繊維に沿ってせん切りにし、水にさらし白髪ねぎにして、6にのせる。

ポテトサラダ

材料　4人分
じゃがいも……(大)4個
玉ねぎ……1個
塩……適宜
フレンチドレッシング
(塩小さじ⅔　砂糖ひとつまみ　こしょう少々
サラダ油大さじ3　酢大さじ2)
マヨネーズ……大さじ4
溶き辛子……大さじ1
パセリのみじん切り……少々
チコリ……適宜

作り方

1　じゃがいもはよく洗って丸ごと鍋に入れ、たっぷりの水を加えて強火にかける。ふたをしてゆでる。
2　玉ねぎは薄切りにし、塩をふって軽くもむ。ふきんに包み、流水にさらして水気を絞る。
3　じゃがいもに竹ぐしを刺して、すーっと通るほどやわらかくなったら取り出し、手早く皮をむいて7〜8㎜厚さの半月切りにする。
4　3と2をボウルに入れ、熱いうちにフレンチドレッシングをふりかけてよく混ぜ合わせ、そのまま冷ます。
5　マヨネーズに溶き辛子を加えて混ぜ合わせ、完全に冷めた4のボウルに加えて混ぜ、塩味をととのえる。
6　器に盛りつけ、チコリを添えて、パセリのみじん切りを散らす。

ポテト今昔

料理を紹介した雑誌の記事は、全部スクラップにしてとってあります。その中に、33年前のポテト特集の切り抜きページがあります。写真はモノクロ。料理写真はお皿だけ１枚ポツンと撮られたものです。ポテトサラダはえびフライのつけ合わせとして紹介されていて、でき上がり写真では、３本のえびフライの隣に、レタスやパセリと一緒に小さく場所をとっています。この頃はまだポテトサラダがつけ合わせとして扱われていたのかもしれません。でも作り方の原稿を読むと、今とまったく変わらないことにあらためて驚きます。私のポテトサラダは変わらないなあ、といつも思っているのですが、えびフライの脇役だった時代から、30年以上、ひとつも変わらずにきたのです。

「先生のポテトサラダがすごく食べたくなった」と打ち合わせにいらした編集の方からよく言われます。「いつも同じものよ」と答えると「だからいいんですよ」とのこと。こうしてサラダ特集なら代表格として、じゃがいも特集でも欠かせない存在として、このポテトサラダは紹介されてきました。「そうだ、今度のテーマはポテトじゃないけど、サブのおかずとして入れましょう！」と打ち合わせが展開、メインのおかずよりも先に、サブのポテトサラダ決定、ということもあります。

ゆでたじゃがいもと玉ねぎを、熱いうちにフレンチドレッシングであえて、冷めてから辛子入りのマヨネーズをからめる。これだけのプロセスのサラダが、ずっと変わらずに、愛されてきて、生みの親としては、本当にうれしい限りです。

ポテトといえば、ロケに出かけました

撮影はほとんどスタジオか自宅、つまり室内ですが、ポテト特集の、それもサラダが入るとなると、よく外での撮影となりました。上は千葉の牧場で撮ったもの。流しがひとつあるだけの場所ですから、料理の準備がそれは大変。でも土の中で育ったじゃがいもの料理だから、太陽の下で、地面を踏みながらの撮影が楽しみで、前日から天気予報を何度も確認、スタッフみんな早起きし、遠足のように大はりきりで出かけたものでした。上はマッシュポテトのサラダ。たらこを入れた、いわゆるタラモサラダとパセリのみじん切りを混ぜたサラダ。2つをボウルに入れて、ガーリックトーストを添えたひと皿です。下は切り口にローリエの葉をはさんでアルミの釘をさしたベイクドポテト。この時は小さなオーブンまで持参。なつかしいポテトの思い出です。

オムレツと卵の話

ポテトサラダと同様に、基本からスタートし、いろいろなメニューに展開しても、また最初に戻ってくる料理がオムレツです。やはり落ち着くのは、卵とバターと牛乳少し、そして塩、こしょうだけのプレーンオムレツになります。上手に焼くポイントは３つ。たっぷりのバターで卵を包むように焼くこと。フライパンの側面を利用して、きれいなカーブを作ること。中火で手早く仕上げること。ちょっと作り方を復習してみましょうか。

まずオムレツ１個分で卵２個を使います。これをボウルに入れて、フォークでさっさとほぐします。牛乳大さじ１と、塩、こしょう各少々を入れて、白身のトロトロしたところがなくなるまで軽く混ぜ合わせてなめらかにします。フライパンは直径18㎝くらいのものを使い、中火で熱してバター大さじ１を溶かします。この時にフライパンをまわして側面にもバターをなじませます。フライパンは厚手の、できれば鉄製のものをオムレツ用にするといいですね。バターがフツフツしているところに卵を一気に入れ、表面のやわらかいところを、これもフォークでクルクルとかき混ぜます。フライパンの底からは絶対に混ぜないこと。そうしたらスクランブルエッグになってしまうでしょう?

内側がほとんどかたまってきたら、手前から折りたたむようにしてフライパンの側面に軽く押しつけカーブをつけます。だんだんとオムレツ型になってきます。今度は手前に折り曲げて手前の側面を利用して形成完了。すぐにバットにとり、ペーパータオルをかぶせて手で形をととのえます。どう? 今すぐ作りたくなったかな?

accord des D
lève un des obs
l'élargissement de

オムライス

材料　2人分

鶏胸肉……½枚
玉ねぎ……½個
グリーンピース(冷凍)……大さじ1
卵……4〜5個
ご飯……2カップ
ケチャップ……大さじ2
サラダ油……大さじ1½
バター……大さじ2½
塩・こしょう……各少々
ケチャップ(好みで)……適宜

作り方

1　中に入れる鶏肉ご飯を作る。鶏肉は1.5㎝角に切り、塩、こしょうを軽くふる。玉ねぎは粗いみじん切りにする。
2　フライパンにサラダ油・バター各大さじ½を熱して、鶏肉、玉ねぎの順に炒める。ケチャップ大さじ1をからめる。
3　グリーンピースはバター少々(分量外)で炒める。
4　2にバター大さじ1を足してご飯を炒め、ケチャップ大さじ1をからめる。3を混ぜる。半量(1人分)ずつボウルに取り分ける。
5　卵は1人分2個〜2個半、ほぐして軽く塩、こしょうをふる。
6　フライパンにサラダ油、バター各大さじ½を熱し、卵を一気に流して、表面を軽くかき混ぜる。半熟状になったら中央に4をのせる。
7　へらで両端から真ん中に折りたたんでオムレツ型にする。フライパンの側面のカーブを使って形をととのえる。同様にもうひとつ作る。

卵とケチャップご飯

薄焼き卵の中にケチャップ味のチキンライスを入れて、オムレツの形にまとめたものが原点のオムライスです。卵とケチャップ味のご飯というのは、味の相性がとてもいいので、お皿にのせても、お弁当にしてもおいしい。これもまたいつ食べても飽きない料理です。

ポイントは、鶏肉と玉ねぎを炒めて一度、ご飯を加えてもう一度味つけをすることです。バターもケチャップも2回に分けて使うと、全体に味がからんで、よりおいしくなります。きれいなオムレツ型にするには、フライパンの側面のカーブを上手に使うこと。ケチャップご飯をきれいに包むには、1人分として卵を2個から2個半使いますが「今日は卵が足りない」という時は、やわらかいスクランブルエッグを上にのせることもできます。卵とケチャップご飯の組み合わせには変わりないですからね。

【第二章】

スープのはなし

パリへの旅立ち

昭和41年春、主人の赴任に伴って、パリで暮らすことになりました。成田空港もヨーロッパへの直行便もない時代ですから、羽田空港からアンカレッジを経由、41歳にしての海外生活に心細い気持ちでいっぱいの私は、ケリーという名前の犬を連れての旅立ちでした。パリに着いて、誰よりも早く、何よりもスムーズに異国の地に溶け込んだのがケリー。ご近所の方、子供たち、同じような犬を連れた人、誰にでもケリーは人気者で、犬を介して人と知り合うことが、パリ生活のスタートでした。「ボンジュール、マドモワゼル！」とあいさつもまずケリーへ。

パリでは半年間フランス語の学校へ通い、それから「コルドン・ブルー」で料理の勉強。フランス語もほとんど分からないのに、黒板に何も書かない授業では、なかなか身につきません。「語学は中級クラスに上がっても、初級クラスと平行して勉強するといいんだよ」「とにかくノートをとって、分からないことはちゃんと調べなさい」……若い時は言語学者になりたかったというほど、語学が好きで達人でもあった主人の教えに奮起して、語学は普通は日に1回のクラスを重ねて2回とって、同じ授業を何度も受けました。分からない言葉は家に帰って調べ、料理も実際に作りながら確認をしていきました。今思い出してみても、あれほどひたむきに勉強したことは、その前にもあとにもなかったと思います。

こうしてフランス料理の基礎をしっかり学んだことは、帰国してからの暮らしの支えになり、料理研究家としての仕事を始める貴重な財産になったのです。

コンソメ

材料　4人分
牛ひき肉（脂の少ないすね肉がよい）
……300ｇ
玉ねぎ……½個
にんじん……(小)1本
セロリ……1本
卵白……3個分
固形ブイヨン……2個
塩……少々
カラメル(粉末、あれば)……少々

作り方
1　玉ねぎは2㎝角に切る。にんじんとセロリは薄切りにする。
2　厚手の深鍋にひき肉を入れて、手でよく練っていく。1を加え、さらにねっとりするまでよく練る。
3　卵白を入れて、粘りが出るまでよく練る。
4　水1カップを少しずつ加えながら、そのつどていねいに混ぜる。
5　湯10カップに固形ブイヨンを溶かし、4に少しずつ加えながら木べらで混ぜる。全部混ざったら鍋を強火にかけ、木べらで底から混ぜながら煮る。煮立つ直前に混ぜるのをやめる。鍋底からかき混ぜている木べらがキシキシとし始め、材料がふわっと上がってくるのが目安。
6　火を弱めて表面がフツフツと動いている状態にする。水分が減って、スープの高さが3㎝くらい低くなるまで、ふたをしないで約1時間半煮る。
7　二重にしたふきんで静かにこして別の鍋かボウルに移す。最後は絞らないように。再びきれいな鍋に移し、表面に浮いている脂を、懐紙またはペーパータオルなどでなでるようにして2〜3回吸い取る。
8　火にかけてひと煮立ちさせ、あれば熱湯少々で溶いたカラメルを加えて色づけする。塩少々で味をととのえる。
※でき上がってから1日おくと、味がとてもまるくなります。

料理はコンソメに始まる

　フランス料理は「スープに始まり、デザートで終わる」のが基本ですが、私はもっと極端に「コンソメで始まり、プリンで終わる」ということを学びました。以来40年以上の長きにわたって、その教えどおりに作り続けているのが、このコンソメです。牛肉の中でも脂肪が少なくてかたい、すね肉のひき肉を使い、ひき肉のうまみを引き出しながら、ゆっくりゆっくり煮詰めて、濁りのない澄んだスープを作ります。ひき肉３００ｇと香味の野菜、10カップの水からでき上がるのは、ぎりぎりスープカップ４杯分。もったいないと思われるかもしれませんが、これこそがコンソメであり、素材の味を凝縮したフレンチの基本です。いつもなら「お代わりありますか?」の声にうれしく「はいはい」という私ですが、コンソメだけは別。ひとり１杯なのです。

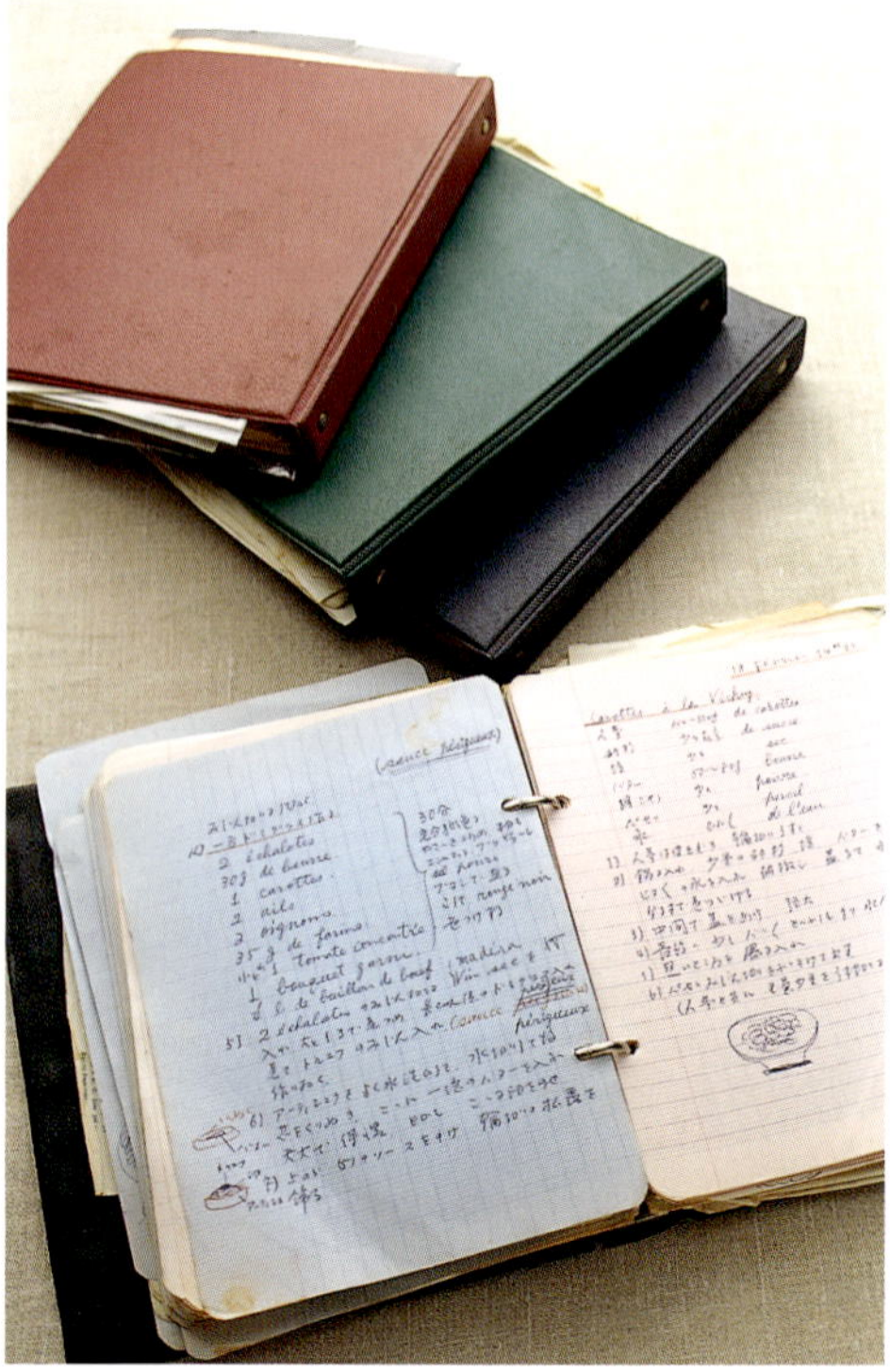

コルドン・ブルーでのノートファイル。最初の頃は、素材の名前や料理用語がフランス語—日本語の辞書のようにきちんと書かれています。少しずつフランス語が分かるようになると、書き込みもフランス語が多くなり、イラストを入れる余裕も出てきました。
小さいノートに、よくまあ、たくさん書いてあること、と虫めがねを手に感心して眺めるこの頃です。

フランス料理を学ぶ中で、日本料理との違いを知らされ、同時に、だしのことや素材の味の引き出し方、組み合わせ方などで、日本との共通項を見つけることもありました。おいしいものは共通だと思うことで、料理を楽に考えられるようになりました。

パリで習ったコンソメを、いちばんに「おいしい」と食べてくれた主人は、平成6年に82歳で亡くなりました。入院生活が長くなり食欲もなくなっていた時期に、私は毎日このコンソメを作り、抱えて病院に通いました。若い頃から外国生活の長かった人だから、コンソメならおいしく食べてくれるだろう、口当たりもいいし、栄養価も高いから、と一生懸命に作ったものでした。でも私自身が80歳を過ぎた今、もしかすると、みそ汁やお吸い物のほうがよかったかしら、と思うことがあります。やはりこのコンソメがよかったのよ、と納得しながらも、折にふれ、答えのない問いかけをすることがあるのです。

パリ時代のアルバム。主人とケリーと一緒の写真には「L'arrivée à Paris パリ到着」と弾むような筆記体で記されています。ケリーは、私、パリ生まれよ、というような顔をしています。

ポタージュ・ペイザンヌ

材料　4〜5人分

じゃがいも……(大)2個
かぶ……2個
にんじん……1本
長ねぎ……1本
トマト……1個
パセリ……少々
生クリーム……大さじ4〜5
バター……適宜
塩・こしょう……各少々

作り方

1　じゃがいも、かぶ、にんじんは皮をむいて5〜6㎜角に切る。じゃがいもは水にさらして水気をきる。長ねぎは5㎜幅の小口切りにし、トマトは皮を湯むきして種をとり、8〜9㎜角に切る。

2　深鍋にバター大さじ2を溶かしてねぎを炒め、香りが出てきたら、にんじんとかぶを加えて炒める。

3　バターが全体になじんだら、湯7カップを入れ、煮立つ直前に弱火にしてアクをとる。ふたをしないで20〜30分煮る。

4　じゃがいもを入れて約10分煮、トマトを加えてさらに5分煮る。塩、こしょうで味をととのえる。

5　器に4を1人前ずつ盛り、湯通ししたパセリをちぎりながら浮かせる。それぞれに生クリーム大さじ1、バター小さじ1を溶かす。

野菜スープの真髄

「ペイザンヌ」は田舎風という意味。じゃがいも、ねぎ、かぶ、にんじん、トマトなど、庶民的な、いつでも手に入る野菜だけで作るスープです。肉類を入れない代わりに、バターで野菜を炒め、仕上げにもバターと生クリームを浮かせます。作り方のポイントは、野菜の切り方と微妙な時間差で火を通すこと。レシピを見ると、じゃがいもとかぶとにんじんは5〜6㎜角、長ねぎは5㎜幅、トマトは8〜9㎜角に切ると少しずつ違っているでしょう? 火を通す順番は、ねぎが先発、にんじんとかぶが2番手、この3つを20〜30分煮たあとで、じゃがいもの出番、10分煮たら、最後にトマトを入れて5分。コルドン・ブルーで最初の頃に習ったのですが、先生は時間がたつと、パンと手をならし、時々ウインクしながら、次の作業をうながしました。面倒だな、と思われるかもしれませんが、野菜の切

り方と、時間差をつけた煮方は、野菜をよりおいしく食べるための、いわば魔法のようなきまりなのです。

このスープも何度となく紹介していますが、皆さん、プロセスの説明に最初は半信半疑。野菜のスープなのだから、火を通せば同じじゃない、と思う人も多いようです。でもこのきまりで作ったスープをひと口食べると、すぐに納得してもらえます。仕上げのバターと生クリームを遠慮していた人も、入れたものを食べると、「バターや生クリームなしじゃ、もったいないですね」というくらいです。

野菜はそれぞれ火の通り方が違います。料理によって食べやすい切り方があります。揃った切り方にすると、仕上がりに美しさが生まれます。このスープを習った時のパリは新緑あふれる春でした。美しい春のイメージと重なって、こんなにきれいでおいしいスープができ上がることに、驚き、感動したものです。

材料の手軽さとなんともいえないやさしいおいしさからでしょう、ポタージュ・ペイザンヌをお友だちに教えてあげた、ご両親に作ってあげた、など、うれしいお話をよく聞きます。「野菜の切り方に気をつけてね」「じゃがいもはあとのほう、入れたら10分でトマトで、5分たったらすぐ火を止めてね」「生クリームの用意を忘れずに」と各家庭で厳しく（?）指導されているそう。ウインクしながらも、大声でチェックされたパリの先生の教えは、はるか東のこの国で、確実にすそ野を広げているようです。

FRAGA

カリフラワーのポタージュ

材料　4~5人分

カリフラワー……1個
薄力粉……大さじ1
固形ブイヨン……1個
牛乳……1カップ
生クリーム……1カップ
バター……大さじ2
塩……少々

作り方

1　カリフラワーは葉をとって洗う。熱湯に入れて水で溶いた薄力粉を加えて15分ゆでる。水気をきって小房に分ける。飾り用にひと房を残しておく。
2　鍋に湯6カップと固形ブイヨン、1を入れて弱火にかけ、竹ぐしが芯にスッと入るくらいやわらかくなるまで煮る。熱いうちに裏ごしにかけるか、ミキサーにかけて、なめらかにする。
3　鍋に戻して牛乳を加え、弱火で10分煮る。
4　生クリームを加えて5~10分煮、塩で味をととのえてから火を止める。
5　仕上げにバターを落とす。器に盛り、残しておいた1のカリフラワーを細かく切って浮かせる。

1種類の野菜から

ひとつ前のメニュー「ポタージュ・ペイザンヌ」に続いて、ここではカリフラワーやかぼちゃなど1種類の野菜から作るポタージュを紹介しましょう。ポタージュという呼び名とスープという呼び名とは、フランス語か英語かというだけでなく、厳密にいうと、それぞれ由来があるようですが、ここでは私がずっと使ってきた名前で呼ばせてください。

野菜から作る「ポタージュ」は、やわらかく煮た野菜を、煮汁ごとミキサーにかけるか裏ごしし、牛乳を加えてさらに煮、生クリームとバターを加えて仕上げます。こう書くと大変に思えますが、使う材料は少ないし、切る手間も少ない、思っているよりもずっと簡単です。カリフラワーのポタージュは、白い色をきれいに残すために、薄力粉を少し入れた湯でゆでます。ほうれん草のポタージュは塩を入れた湯でゆでます。ここでほんのひと手間をかけることで、仕上がりがずっときれいになります。4〜5人分で、固形ブイヨン1個に6カップの湯、牛乳も生クリームも1カップ、この配合が基本です。配合を覚えておくと、野菜の種類を変えてもいくらでも応用がききます。

野菜のポタージュは、小さいお子さんからお年寄りまで、だれでも、いつでもおいしく食べられるメニューです。パンを添えればおいしい朝ご飯になるし、カップに入れて、プラスおにぎりでお昼ご飯、人が集まった時に、野菜のひと皿としても喜ばれます。1人分ずつ冷凍しておけば、温かいものが食べたい時にさっと解凍すればいいですよね。作る手間が少しかかるものは、使う場面を想像すれば楽しく作れますよ。

ほうれん草のポタージュ

材料　4〜5人分

ほうれん草……1わ
じゃがいも……(小) 2個
玉ねぎ……1個
固形ブイヨン……1個
牛乳……1カップ
生クリーム……1カップ
バター……大さじ2
塩……適宜

作り方

1　ほうれん草はよく洗い、塩ひとつまみを入れた熱湯でゆでる。水にとってアクを除き、水気を絞ってから根元以外を細かく刻む。
2　じゃがいもは皮をむいて薄切りにし水にさらす。玉ねぎは薄切りにする。
3　鍋に2を入れ水6カップとブイヨンを加えて強火にかける。沸騰直前に弱火にしてアクをとる。20分煮て1を加える。さらに10分煮て、煮汁ごとミキサーにかける。
4　鍋に戻し、牛乳を加えて弱火で15分煮る。生クリームを加えて塩味をととのえる。バターを落として火を止める。

かぼちゃのポタージュ

材料　4〜5人分

かぼちゃ……¼個
玉ねぎ……1個
固形ブイヨン……1個
牛乳……1カップ
生クリーム……1カップ
バター……大さじ2
塩……少々

作り方

1　かぼちゃは皮を厚めにむき、薄切りにする。玉ねぎは薄切りにする。
2　鍋に1を入れ、水6カップとブイヨンを加えて強火にかける。沸騰直前に弱火にしてアクをとる。野菜がやわらかくなったら、裏ごしするか、ミキサーにかけてなめらかにする。
3　鍋に戻して少し煮詰め、牛乳を加えて15分煮る。生クリームを加えて混ぜ、塩で味をととのえる。バターを落とし、余熱で溶かす。

肉だんごとねぎのスープ

材料　4人分

肉だんご

A｜豚ひき肉……300ｇ
　｜塩……小さじ1
　｜酒……大さじ1
　｜ごま油……大さじ1
　｜卵……(小) 2個
　｜片栗粉……大さじ1

ねぎ……(大) 2本

塩……小さじ1弱

こしょう……少々

豆苗(あれば)……少々

作り方

1　肉だんごを作る。ボウルにひき肉を入れ、塩を加えて手で練り混ぜる。酒、ごま油も加えて混ぜ合わせ、ほぐした卵を加える。指を広げてひき肉をつかむようにし、よく混ぜ合わせる。

2　ねっとりしてきたら片栗粉を加えて混ぜ合わせ、ラップをかぶせて冷蔵庫で冷やす。

3　ねぎは薄い小口切りにして、たっぷりの水にさらし、水気を絞る。

4　鍋に水6カップを入れ、2をスプーンでだんご状に丸め、静かに落とし入れる。

5　4を強火にかけ、煮立ったら弱火にして、アクをとりながら20〜25分煮る。

6　5の肉だんごを取り出して器に盛る。スープは一度こしてから鍋に戻して温め、塩、こしょうで調味する。

7　器に盛った肉だんごの上に、3のねぎをたっぷりのせ、上から熱いスープをかける。あれば豆苗を飾る。

具だくさんの豚汁

材料　4〜6人分

豚バラかたまり肉……300ｇ
しょうが……ひとかけ
大根……⅓本
にんじん……2本
ごぼう……1本
里いも……5個
生しいたけ……4枚
長ねぎ……1本
こんにゃく……1枚
赤みそ……90ｇ
白みそ……60ｇ
砂糖……大さじ1

作り方

1　豚肉は2㎝幅に切り、大きめの鍋に入れる。しょうがの薄切りも入れ、水7〜8カップを入れて強火にかける。沸騰したら弱火にし、アクをていねいにとりながら40分煮る。

2　この間に野菜の準備をする。大根とにんじんは6㎝長さに切って皮をむき、太めの棒状にして面取りをする。ごぼうと里いもは皮をむいて乱切りにして水にさらす。こんにゃくは大きめに切って、さっと下ゆでする。

3　1に水気をきったごぼうと、大根、にんじん、こんにゃくを入れ、ふたをして30分煮る。里いもを加え、みそのそれぞれ半量を加えて20分煮る。砂糖と残りのみそを加え、10分煮る。

4　4つ割りにした生しいたけを加える。最後に長ねぎの小口切りを加えてさっと火を通す。

豚汁と日本のスープ

和食でスープというと、代表はみそ汁、そしてお吸い物です。続くのはかつおや昆布のだしではなく、肉、魚、野菜といった素材をだしにして作る汁物です。42ページのスープは、豚ひき肉から出るうまみを活かして、薬味のねぎをたっぷり使い仕上げたものです。

豚肉のうまみを使って野菜をプラスし、みそ味にしたものが豚汁ですが、具をたくさん使い、それぞれ大きく切って作ると、立派なおかずになります。豚肉を上手に使うには、アクをきちんととることが必要です。「アクも味のうち」という考え方もありますが、肉の場合は別。アクをそのままにしておくと、野菜の味もみその風味も引き出すことができません。

具は大根とにんじん、里いもが代表、ここにごぼうとこんにゃく、しいたけが入ると、味わいがぐっと深くなります。薬味の野菜としてはねぎ、豚肉の薬味にしょうが、主役も脇役もそれぞれたいせつな役割があります。私は赤みそと白みそを3対2で使っていますが、みそは地域によって味に個性がありますから、味をみながら、加減をしてください。

ここで撮影のこぼれ話を。下写真のプロセスで1、2と3、4では使っているお鍋が違います。撮影当日、仕上がった豚汁を入れるお鍋が、大きいものと少し小さいものと2種類用意されていました。最初は小さいほうを選ん

1

2

でプロセス撮影を進めていたのですが、途中「具だくさんの豚汁なら、大きなお鍋で見せたほうがもっとおいしそうになる」とスタジオ内で意見が一致。全部の具においしく火を通すには、作るお鍋も大きくしないといけないので、写真の２のあとで入れ替えて進めたわけです。

仕上がるまでの時間で、最終のコーディネートをし、「こういう豚汁って、一緒におにぎりがあるとすごくうれしいですよね！」という担当編集者のひと言で、焼きおにぎりとお漬け物のお皿を添え、撮影開始になりました。

3

ねぎとしょうがは、臭いを消し、風味をつける薬味として、和の汁物には欠かせない

4

File1

ラブおばさんとハートの宝物

愛という名前から、料理の仕事を始めて少したった頃に、「ラブおばさん」というネーミングをいただきました。こういう冠がつくとはりきるほうなので、「ラブおばさんのお嫁さんクッキング」「ラブおばさんの料理Q&A」など、読者の味方として料理を作り、初心者の疑問を解決し、教えるといった企画が続きました。どうしたらもっと分かりやすくなるかを考えることは私自身の勉強でもありました。失敗の理由をくどくど言うのではなく、こうしたらうまくできるわよ！と明るく応援する姿勢。読者の顔が見えるようなテーマが、とても好きでした。

料理にハート型を使うことも時々ありました。ハート型のクッキーを筆頭にパンケーキやサンドイッチ。形作りは楽なので、おすしやおにぎりも簡単です。料理に少し遊び心を入れて、見た目もかわいいものにできたらいい、作る人も食べる人も、楽しくあってほしい、その気持ちの表れがハート型です。〝心〟なのです。

ハート型のコロッケ。家にはハート型小物がたくさんあるので、形成はお手のもの。

もともとハート型のものは好きだったのですが、ラブおばさんと呼ばれるようになってからは、さらにハートの小物が目につくようになります。仕事で地方に出かけた時など、ほんのわずかな時間でも、ハート小物なら誰よりも早く見つけて、さっと買い物できるのが、ささやかな自慢でした。

仕事関係の方からも、おみやげによくハート型のものをいただきました。アクセサリーや写真立てや、ハート刺繍のハンカチ、カトラリーや箸置きなど食卓まわりのものまで、本当にいろいろ。どれもみな、うれしくて、ありがたくて、家中のあちこちにたいせつに飾り、しまってあります。久々に打ち合わせに来られた方に「あなたにいただいた、あのハート型のね……」と話しはじめ、「そんな昔のことを、先生、よく覚えてくれてますね」と感心されることもあります。こういううれしいことは忘れません。

昨年NHKの放送文化賞をいただいた時、お祝いにハート型のペンダントをいただきました。シルバーで表には私のイニシャルAとKの文字が入り、反対側には写真が入るようになっています。ラブおば（あ）さんに贈られた、愛情あふれるハートの宝物です。

ハート型アクセサリーは細部にこだわります。
中央のペンダントが放送文化賞記念の品。

ティーカップは有田焼。最初の1客はいただいたもの。そのあとすぐに追加注文しました。

【第三章】

季節を伝える和の味

山と里と海の素材で、四季を彩る

食の世界の季節感は「山と里と海」の3つが表していると思います。山菜、きのこや栗、根菜や葉野菜、果物、そして魚介類。野菜や魚に季節感がなくなったといわれますが、それでも、野菜のみずみずしさや甘さ、大きさ、香り、魚の脂ののり方や身のしまり方などを見ると、ふさわしい季節のものは、他の季節のものとはおいしさが格段に違います。これが「旬の味」というものです。

思い起こせば、30歳で結婚して、まずほっとしたのは、城戸崎の家と実家とで、酢めしの味が同じだったことです。お客様の多い家でしたから、おもてなしのご飯として、おすしを作る機会がよくありました。味に慣れているというのは、「新人お嫁さん」にとっては、とてもうれしいことです。共有できる実家のおすしの味を、少し得意に思いながら、四季それぞれの味を酢めしに重ねていきました。主人も義父母も、お客様も、それはそれは喜んで食べてくれたので、またいそいそと季節のおすしを作り、ご飯ものの流れで炊き込みご飯もよく作りました。だから私にとって、季節を伝える和の味は、おすしであり、炊き込みご飯です。まず主役はご飯もの。それが決まったら、汁を合わせ、小鉢を考え、余裕があれば、果物や和菓子を添える、家の食卓に、季節を呼び込む時間です。

もう何年も続けて猛暑といわれ、夏を長く感じる分、春と秋が両側に押しやられて短くなった感もあります。そんな時代だからこそ「山と里と海」の季節感は、食卓の上で、これからもたいせつに守り続けていかなければと思っています。

桜えびご飯

材料　4人分

米……2カップ

桜えび……20〜25g

酒……大さじ2

みりん……大さじ1

塩……小さじ⅔

作り方

1　米は炊く30分前にといで、ざるに上げておく。

2　鍋に水2¼カップを入れて火にかけ、煮立ったら桜えびを加える。弱めの中火にしてアクをとり、酒、みりん、塩を加えて1〜2分煮る。

3　炊飯器に1の米を入れ、2を煮汁ごと加えて混ぜ合わせる。味をみて、足りないようなら塩少々を加え、普通に炊く。

4　炊き上がったら15分ほど蒸らし、しゃもじで上下をさっくりと混ぜ合わせてから盛る。

春から夏へ、色を楽しむおすしとご飯

年が明けると、春の野菜や魚の出る時期を気にするようになります。撮影は季節を先取りしますから、あそこで少し大きなたけのこを見つけた、ふきのとうとたらの芽が並んでいた、さわらの身が厚くなった、と情報がいろいろ飛びかいます。桜えびもそのひとつ。乾燥桜えびはいつでもありますが、水揚げされてすぐに釜ゆでされた桜えびの味や色や香りには、いかにも春らしい趣があります。だからこれ1種類が主役。お酒をきかせて炊き上げるから、冷めてもおいしいのです。

日差しの心地よさが暑いと感じる頃になると、かつおやあじが店先をにぎわせます。値段も買いやすくなると、おすし作りに気持ちが傾きます。あじは混ぜてもいいのですが、おもてなしの時は、笹の葉できゅっと包んだおすしをよく作りました。笹の緑色が鮮やかで、上手に包めた時に、とてもうれしい気持ちになるのは、昔も今も同じです。

おすし作りの名人だった母の味を原点にして、季節折々の散らしずしをよく作ります。56ページの「夏の思い出ずし」は、みょうが、きゅうり、しいたけ、枝豆などに、夏みかんの皮のせん切りをたっぷり加えた精進ずし。夏素材をちりばめて、香りと色とさわやかな食感を楽しむ、暑い季節の我が家の定番おすしです。

あじの笹ずし

材料　4～6人分

あじ……5尾

塩……適宜

A
- 酢……大さじ8
- 砂糖……大さじ3
- 塩……小さじ$\frac{1}{2}$
- しょうがのすりおろし……1かけ分

酢めし
- 米……3カップ
- だし昆布……1枚
- 酒……大さじ1

合わせ酢
- 砂糖……$\frac{1}{2}$カップ弱
- 酢……$\frac{1}{2}$カップ
- 塩……大さじ1弱

甘酢しょうがのみじん切り……大さじ1

焼きのり……1枚

白ごま……大さじ1

笹の葉……20枚

竹の皮を細くさいたひも……20本

（なければたこ糸などでも）

作り方

1　酢めしを作る。米を洗い、30分くらい水につけておく。だし昆布をぬれぶきんでふき、炊飯器に入れる。酒大さじ1を加えて水加減をして炊く。

2　合わせ酢を作る。小鍋に材料を入れて煮溶かす。

3　飯台を水か少量の酢を含ませたふきんでふく。1が炊き上がったら飯台に移して広げ、熱々の2を全体にまんべんなくかける。

4　3に甘酢しょうが、もみのり、白ごまを加えてよく混ぜる。

5　あじを3枚におろしてバットに塩少々をふり、皮を下にしてあじを並べる。上からも塩少々をふる。バットを斜めにして、塩が流れるまで1時間くらいおく。

6　Aを合わせたつけ酢に5をつけ、半日くらいおく。頭のほうから皮をはがし、斜め半分に切る。

7　4を20等分にし、1個ずつ小さなにぎり状にして、上に6をのせる。

8　笹の葉を酢でぬらしたふきんでふき、7をのせて長方形に包んでひもで結ぶ。バットに平たくきっちりと隙間なく並べ、おもしをしてしばらくおく。

夏の思い出ずし

材料　4～6人分

米……3カップ

合わせ酢

　酢……½カップ

　砂糖……½カップ

　塩……小さじ2強

干ししいたけ……4枚

しいたけのもどし汁……2カップ

A｜砂糖……大さじ1½

　｜しょうゆ……大さじ1

みょうが……2～3個

B｜酢……大さじ3

　｜砂糖……大さじ1½

　｜塩……少々

卵……2個

しその葉……8～10枚

さやいんげん……4本

きゅうり……1本

夏みかんの皮……1個分

枝豆(ゆでて中身を出す)……½カップ

しその実……大さじ2

白ごま……大さじ1

実山椒(あれば)……少々

塩……適宜

作り方

1　酢めしは55ページの要領で作り、ぬれぶきんをかけておく。

2　干ししいたけは、ぬるま湯でやわらかくもどし、軸をとってせん切りにする。鍋に入れ、とっておいたしいたけのもどし汁を加えて、弱めの火加減でゆっくり煮る。ふっくらしてきたら、Aの砂糖を加え、しばらく煮てからしょうゆも加えて、汁気がなくなるまで煮きる。

3　みょうがはBでひと煮してそのまま冷まし、縦4等分に切る。

4　卵は、塩ひとつまみを加えてほぐし、薄焼き卵を作る。冷めたらせん切りにする。

5　しその葉はせん切りにし、水にさらしてから水気をきる。さやいんげんは筋をとり、塩ゆでにしてから斜め切りにする。きゅうりは小口切りにして、塩少々をふって塩もみにしてから水気を絞る。夏みかんの皮はせん切りにする。

6　1の酢めしに、2のしいたけと5のしその葉、さやいんげん、きゅうり、夏みかんの皮と枝豆、しその実、白ごまを加えて全体に混ぜ合わせる。器に盛り、3のみょうがと4の錦糸卵をのせ、あれば実山椒を飾る。

まつたけご飯

材料　4人分

米……2カップ
まつたけ……2本
油揚げ……1枚
A　だし汁……1カップ
　　酒……大さじ3
　　砂糖……小さじ2
　　しょうゆ……大さじ1
　　みりん……大さじ1
だし汁……1¼カップ
酒……大さじ2
塩……小さじ⅔

作り方

1　米は炊く30分前にといでざるに上げ、水気をきる。
2　まつたけはさっと洗い、軸先のかたい部分を少し削ってから、3cm長さくらいの薄切りにする。太い部分は縦半分に切ってから薄切りにする。
3　油揚げは熱湯をまわしかけて油抜きをし、縦半分に切ってから7〜8㎜幅の短冊切りにする。
4　鍋にAとまつたけ、油揚げを入れて、中火で5〜6分下煮する。
5　炊飯器に1の米と4の具を煮汁ごと入れる。だし汁と酒、塩を加えて、混ぜ合わせ、表面を平らにならしてから炊く。
6　炊き上がったら12分ほど蒸らし、しゃもじでさっくりと上下を混ぜかえす。あれば青味に松葉などを散らす。

秋から冬へ、山、里、海の素材を生かして

秋になると、山の素材、きのこや栗の登場です。なかでも作り方をよく聞かれるのが、まつたけご飯です。少しコクをつけたくて、私は油揚げを1枚入れるのですが、これが一度作るとやめられない組み合わせになるようです。国産の高いまつたけでなくても大丈夫。油揚げと一緒に、だし汁プラス調味料で下煮してから炊いてください。炊き上がる頃には、まつたけの香りがキッチンにほのかに流れて、家族の喜ぶ顔がのぞくでしょう。

夕暮れ時間がどんどん早くなる頃は、里の素材の炊き込みご飯を作ります。かやくご飯、さつまいもご飯、そして大根めしです。ここでも油揚げが活躍。大根と同じ大きさに切って、よく炒めてから炊き込みます。炒め方が中途半端だと水っぽくなります。ある編集の人から「昨日大根めしを作ったら、少しやわらかいでき上がりで。大根がみずみずしかったからですか？」と聞かれました。「もう少し炒めてみたら」と返したところ、すぐやり直して、大変おいしく仕上がったとのこと。いわく「炒め方が未熟でした」。

秋冬のおすしの主役は海の素材、魚介類です。散らしずしには、数種類のお刺身の材料を同じ大きさに切って使います。新鮮な魚の味を生かすために、合わせ酢の甘みを少し控えめに。年末年始、いろいろな場所で喜ばれる、おもてなしのひと皿です。

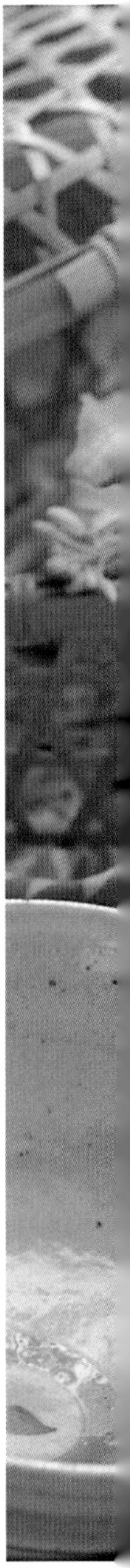

大根めし

材料　4～6人分
米……3カップ
大根……250g
油揚げ……2枚
サラダ油……大さじ1
酒……大さじ1
しょうゆ……大さじ1½
砂糖……小さじ2
A｜だし汁または水……3½カップ
　｜酒……大さじ1
　｜しょうゆ……大さじ2
　｜砂糖……小さじ2
　｜塩……小さじ½～⅔
大根の葉……少々
塩……少々

作り方
1　米は炊く30分前にといでざるに上げ、水気をきる。
2　大根はマッチ棒よりもやや太めの棒状に切る。油揚げは熱湯をまわしかけて油抜きをし、水気を絞る。横半分に切ってから短冊切りにする。
3　鍋を熱してサラダ油をなじませ、大根を入れて炒める。水気をとばすようにして充分に炒め、大根が透き通ってきたら、酒、しょうゆ、砂糖を加え、油揚げも入れて炒め合わせる。
4　米を加えて炒め合わせ、米が熱くなったら炊飯器に移す。Aをよく混ぜて加え、全体を混ぜ合わせる。表面を平らにならして炊く。
5　大根の葉は熱湯で塩ゆでにして水にさらし、水気を絞ってみじん切りにする。炊き上がったご飯に彩りよく散らす。

賽の目ずし

材料　4〜6人分
米……3カップ
合わせ酢
　酢……$\frac{1}{2}$カップ
　砂糖……大さじ3
　塩……小さじ2強
干ししいたけ……4枚
砂糖……大さじ$1\frac{1}{2}$
しょうゆ……大さじ1
白身魚の刺身……80g
まぐろの刺身……80g
いかの刺身……80g
こはだ（市販の酢じめ）……4枚
ゆでだこの足……1本
厚焼き卵（市販品）……80g
きゅうり……1本
焼きのり……1枚
白ごま……大さじ2
いくら……50g
防風（あれば）……少々
トレビス（あれば）……少々
おろしわさび……適宜

作り方
1　酢めしは55ページの要領で作り、堅く絞ったぬれぶきんをかぶせて人肌程度になるまで冷ます。
2　干ししいたけはやわらかくもどし、かぶるくらいのもどし汁でアクをとりながらゆっくりと煮る。煮汁が半量になったら砂糖を加え、さらにしばらく煮てからしょうゆを加える。そのまま煮汁がなくなるまで煮含め、冷ましてから7〜8㎜角に切る。
3　刺身各種と厚焼き卵は、それぞれ7〜8㎜角に切る。きゅうりも同じ大きさの角切りにする。
4　酢めしに細切りにした焼きのりと白ごまを加え、全体に混ぜ合わせて器に盛る。2と3の具を上に彩りよく散らし、いくらをのせる。防風をあしらい、トレビスにおろしわさびをのせて添える。
※わさびじょうゆ少々をかけていただきます。

豚茶漬け

材料　4人分

豚バラ肉の薄切り……150 g
ねぎ……2本
だし汁……6カップ
しょうゆ……小さじ$1\frac{1}{2}$〜2
塩……小さじ1〜$1\frac{1}{2}$
砂糖……ひとつまみ
ご飯……3カップ
のり・わさび……各適宜

作り方

1 ねぎはごく薄い小口切りにし、水にさらしてから、ふきんに包んで水気をぎゅっと絞る。
2 豚肉は5〜6㎜幅に切る。
3 だし汁を温め、しょうゆ、塩、砂糖を入れて、吸い物味よりやや濃いめに調味する。2の豚肉を入れ、アクをとりながら4〜5分煮る。
4 どんぶりに温かいご飯を入れて、1をたっぷりとのせる。充分に熱くした3をかけて、細切りにしたのりとわさびものせる。

京都の冬、火鉢と飯碗と

昭和30年代、商社に勤めていた主人は、「日本列島」という海外向けカレンダーの制作に携わっていました。日本の四季の風物誌を紹介するもので、私も時々、海外からのお客様の、主に奥様達の案内をするという仕事の手伝いをしました。いちばん多く行ったのは京都ですが、四季折々の美しさに感激する中で、冬の寒さだけは苦手でした。

ある寒い夜、酒席のあとに夜食を何か食べようということになり、八坂神社の近くにある「竹庵」というお店に上がりました。女将の内藤さんという方は、若い時は先斗町の芸者さんだった方で、着物の粋な着こなしがみごとでした。「お寒いでしょう」と火鉢でもてなされ、そのすぐそばで作ってくれたのが、この豚肉とねぎのだし茶漬けです。今から考えると、こんな情況の時も、私はお料理の取材が好きだったのか、火鉢を囲んでの語らいは、今もはっきり覚えています。豚肉とねぎはその日、錦市場で買ってきたこと、一年中作れるけれど、ねぎがシャキシャキとみずみずしい冬がなんといってもおいしいこと、ねぎを小口切りにしてたくさん使いたいから、豚肉も合わせて細切りにすること……。

温かいご飯に、ねぎの小口切りを山盛りのせ、豚肉入りの熱々のだし汁をたっぷりかけます。そしてのりとわさび。寒い夜がいちばんおいしい、冬の粋な一品です。

季節の小さなおかず

ご飯のおかずに、お酒のおつまみに、山や海の旬の素材を活かした和のおかずがひとつあれば、食卓が品よく落ち着きます。量がたくさん必要なのではなく、メインのおかずを引き立てる、小さなおかずがいいのです。

さやえんどうや、そら豆、たけのこなど、春野菜の淡い緑や黄色、なすやトマトなど夏野菜の紫や赤、かぶや長いも、ごぼうなど、冬野菜の白や茶色、旬の野菜は、季節によって色が違うので、見て味わうよさがあります。

作ってすぐに食べるのがおいしいおかずだけでなく、このページの「かつおの紫漬け」

白魚と絹さやの卵とじ

材料(4人分)　白魚150g　絹さや100g　A(だし汁1カップ　砂糖大さじ1½～2　酒大さじ1　しょうゆ小さじ1　塩小さじ½)　卵3個

作り方　1　白魚はざるに入れ、さっとふり洗いして水気をきる。絹さやは筋をとり、斜め半分に切る。

2　Aを火にかけ、煮立ったら白魚を入れてひと煮する。絹さやを加え、色が鮮やかになったらほぐした卵をまわしかける。ふたをして蒸し煮にし、卵が半熟状になったら火を止める。

かつおの紫漬け

材料(4～5人分)　かつお(さく状)400g　しょうゆ1カップ　酒・砂糖各大さじ2　しょうが1かけ　揚げ油適宜

作り方　1　かつおは2㎝厚さに切り、水気をふく。

2　鍋にしょうゆ、酒、砂糖、しょうがのぶつ切りを入れて火にかけ、ひと煮たちさせて冷ます。

3　1を中温の油に入れ、表面がかりっとするまで揚げて油をきる。2に漬けてそのまま冷ます。完全に冷めたら密閉容器に入れ、冷蔵庫で保存する。

※白髪ねぎとよく合います。

次のページの「かぶのあちゃら漬け」のように、常備菜として利用度の高いおかずがあるので、こうした一品が冷蔵庫にあると、ほっと心豊かになりますよね。

季節の小さなおかずには、色と香りの素材、いわゆる薬味を上手に使うと、仕上がりがぐっとよくなります。ゆず、すだち、かぼすなどの柑橘類、防風や穂じそなど飾りのもの、唐辛子など辛みのもの……、小さく切って、せん切りやみじん切りにして、葉先をつまんで、少しあるだけでいいのです。素材をしのぐほどたくさん使うのは本末転倒です。

この少し、レシピの材料中「少々」「適宜」と書かれているところがポイントで、何個とか何枚とか数で表す量ではない素材の使い方にも、和のおかずの趣があります。

たいせつに使いたい和の薬味

柑橘類、青みのもの、ねぎやごま、和の薬味は、季節の香りと味を小さなおかずにプラスしてくれます。
たけのこの季節には、ぜひ木の芽みそを一緒に。
※木の芽みその材料と作り方(作りやすい分量)
1　白みそ30ｇ、みりん小さじ⅔～1、酒大さじ⅔、砂糖大さじ⅔～1を鍋に入れ、練りながら弱火で混ぜる。卵黄½個分を加え、火を止めて手早く混ぜる。
2　すり鉢に木の芽25～30枚と、ゆでたほうれん草の葉先少々を入れてすり混ぜ、1を少しずつ加えて混ぜる。

たけのこといかの木の芽あえ

材料(4人分)　ゆでたけのこ120ｇ　A(だし汁大さじ4　砂糖・しょうゆ各小さじ1)　いか½杯　酢小さじ1　木の芽みその基本量　飾り用木の芽少々
作り方　1　たけのこは5㎜幅、3㎝長さの棒状に切り、Aでひと煮する。
2　いかは皮をむき、たけのこと同じくらいの大きさに切る。熱湯をくぐらせ酢をふって冷ます。
3　1のたけのこと2のいかを、左の木の芽みそであえる。器に盛り、木の芽を飾る。

器と盛りつけのこと

「五感を使って料理する」私がよく話すことです。味覚だけでなく、状態を見ること、調理中の音を聞くこと、匂い、さわった感じ、すべてが料理をする上で必要です。それに加えて第六感ともいえる感覚、器と盛りつけのセンスがあります。これをいつも、スタイリストさんが選んでくださる器から教えられ、撮影された写真を見て確認しています。

盛りつけを考えるのは、和のおかずでは特にたいせつなこと、量も器いっぱいに入れるのではなく、空いた部分を残すことで、味の深みが見えてきます。

クレソンのおひたし

材料(4人分)　クレソン(大)2束　塩大さじ1　だし汁大さじ3　しょうゆ大さじ1½

作り方　1　たっぷりの湯に塩を入れ、煮立ったらクレソンを入れる。さっとひと混ぜし、20〜30秒おいて手早く流水にとる。充分にさらして水気を絞る。4cm長さに切り、もう一度水気を絞る。

2　だし汁としょうゆを混ぜ、1をつけて冷やす。器に盛り、残ったつけ汁をかける。

小なすの冷製

材料(4人分)　小なす12個　A(ねぎ1本のみじん切り　にんにく・しょうが各1かけのみじん切り　赤唐辛子2本の小口切り)　ごま油大さじ2　B(しょうゆ大さじ4　砂糖小さじ⅔〜1　酢大さじ1)

作り方　1　小なすはへたをとり、蒸気のたった蒸し器に入れ強火で10分蒸す。熱いうちに竹串で縦に裂け目を入れ、保存容器に並べる。

2　鍋にごま油を熱し、Aを入れて炒め、Bを加える。ひと煮立ちしたらすぐになすにかけて、よく冷やす。

和食器は形、色、大きさと種類が多い上に、陶器、磁器、塗り、木、ガラスと素材もいろいろ選ぶことができます。全部お揃いにするのではなく、違う種類や素材を組み合わせる楽しさや美しさもあります。器選びの奥行きは広いのです。いい器を持っているのに、もったいないから使わずにしまっておくという方もいらっしゃいますが、私は料理に使ってこそが器だから、いい器を長く大事に使っていただきたいと、思っています。

このページの小なすの冷製はガラスの角皿、かぶのあちゃら漬けは土の片口を用意していただきました。器のよさを活かし、おいしさを伝える盛りつけにしようと考えながら、盛りつけ箸を動かす時は、何十年たっても変わらない、心地よい緊張感を感じます。

かぶのあちゃら漬け

材料（4人分）　かぶ8個　赤唐辛子の輪切り2本分　ゆずの皮のせん切り1個分　A（だし汁大さじ3　砂糖大さじ$3\frac{1}{2}$　酒大さじ$2\frac{1}{2}$　酢大さじ5）　糸切り昆布少々

作り方　1　かぶは皮をむいて薄い輪切りにし、塩少々(分量外)をふる。軽く混ぜて30分おく。

2　Aを火にかけ、砂糖が溶けたら火をとめて冷ます。

3　1の水気を軽く絞って保存容器に入れ、赤唐辛子、ゆずの皮、糸切り昆布を加えて混ぜる。2を注ぐ。

長いもの長寿煮

材料（4人分）　長いも600～700ｇ　くこの実少々　ゆずの皮のせん切り$\frac{1}{2}$個分　だし汁1～$1\frac{1}{2}$カップ　砂糖大さじ2～$2\frac{1}{2}$　塩小さじ$\frac{1}{3}$　片栗粉大さじ$\frac{1}{2}$

作り方　1　長いもは4～5㎝長さに切って皮をむき、縦半分に切って水にさらす。くこの実は水でもどす。

2　だし汁を煮立てて長いもを並べる。砂糖と塩を加え煮立ったらふたをし、弱火で20～30分煮て器に盛る。

3　残った煮汁に倍量の水で溶いた片栗粉を加えてとろみをつけ、2にかける。くこの実とゆずの皮をあしらう。

File2

いろいろな場所に料理のヒントがありました

数年前、久しぶりの海外旅行でアメリカ、オハイオ州シンシナティに滞在しました。私の遠く離れてのホームドクター、真知子さんのお宅です。何日か料理をいただき、素材のダイナミックな使い方に驚きました。

たとえば野菜のオーブン焼き。たとえばにんじんのかき揚げ。野菜はいつも私が作っているものの倍以上の大きさに切ってあります。食べると口当たりが違うのはもちろんですが、切り方で野菜の甘みが違います。どうも日米の野菜が違うからという理由ではないようです。帰国してからさっそく試作したところ日本で作ってもおいしい。にんじんのかき揚げはせん切りで、という先入観を捨てて、野菜の切り方を、時には工夫してみようと思いました。

こんなふうに、ちょっとしたヒントから新しいお料理が生まれることもあります。遊びに行った家なのに、我ながら貪欲だなと思うけれど、いくつになっても新しいことを知るのはうれしいものです。

野菜のオーブン焼き

それぞれの野菜の量はオーブンに入れる器の大きさによって考えます。冷めてもおいしいので、多めに作ることがおすすめです。
にんじん、なす、ズッキーニは斜め切り、赤のピーマンは半割り、かぼちゃは厚めのくし形切り、じゃがいもは皮をむいて縦4つ、トマトはくし形切り。マッシュルームは縦半分。切った野菜に塩をふって軽くあえます。オリーブオイルをぬった耐熱皿に並べて、皮をむいたにんにくを散らします。塩、こしょう、あれば赤粒こしょう各適宜とローリエをのせ、180度のオーブンで40〜50分焼き、パセリのみじん切りをふります。

にんじんのかき揚げ

皮をむいたにんじんをせん切りではなく、太めのささがきにします。こうすると繊維が切れるので、にんじんの甘みが感じられます。てんぷらの衣は、溶き卵プラス水で1カップ、粉は1カップより少し多め、そこに酢小さじ1～$1\frac{1}{2}$を混ぜたもの。酢を入れると衣がかりっとするので、厚めのにんじんによく合います。にんじんの葉があればそれもぜひ一緒に。これは真知子さんのご主人様が最初に作ってくれたものです。感謝。

撮影をした時期、東京中探しても葉つきにんじんがなく、香川県から送っていただきました。

番外編・これはノンノで以前開催していた「お弁当コンテスト」のグランプリ「中華風ちまき弁当」。竹皮で包むのではなく、小さく作ったちまきを笹の葉で包むという新鮮な発想は、今でも記憶に残っています。読者のアイデアに刺激を受けることも多く、この時は笹の葉の新しい使い方を教えてもらった気がします。

【第四章】

時間がつくる味

時間のかけ方を考える

パリで暮らすことになった時、持っていくものについて、いろいろな方がアドバイスをしてくださいました。料理まわりの道具も、なんでもあると便利だろうけれど、全部持っていくわけにもいきません。厳選を重ねて残したのが、煮込み料理にも炊飯にも使える大きな厚手の無水鍋と、金色の線の入った、ノリタケの食器セットでした。

お客様がいらっしゃる時はお鍋で温かいシチューや煮込みを作って、メイドインジャパンの器でお出ししました。翌日は残ったものを利用するのが楽しみで、朝食に、私ひとりぶんの昼ご飯に、遅く帰った主人の夜食にと、あれこれ考えたものです。滞在期間中、充分に活躍してくれたお鍋と食器セットは、こわれることなく、割れることもなく、主人と私と犬のケリーと一緒に、無事に帰国しました。

料理をおいしく仕上げるポイントには、素材のよさや扱い方があります。目的に合った道具や基本的なテクニックも必要でしょう。そして何にも代用ができないポイントが時間です。学校で教える時もよく「手間はいらないけど、時間が必要なのよ。時間がかかるから大きくて厚手のお鍋を使うの。時間というところに、赤線を引いておいてね」と話します。この前もまじめな生徒さんが、赤いボールペンをあわてて探していたのですが、それくらいたいせつなことだと思います。

煮込む時間、冷ます時間、待っている時間……おいしさを作る時間のかけ方を、代表的な料理のレシピを見ながら、もう一度考えてみようと思います。

ポトフ

材料　4〜6人分

牛すね肉(かたまりで)……600ｇ〜1kg
にんじん……2本
大根……⅔本
玉ねぎ……2個
セロリ……2本
長ねぎ……1本
キャベツ……½個
じゃがいも……2個
固形ブイヨン……1個
ブーケガルニ……1束
塩……少々
粒入りマスタード……適宜
※ブーケガルニはセロリの細い茎長さ6㎝ほど、パセリの枝1本分、ローリエ1枚、乾燥タイムの枝1本をたこ糸で束ねたもの。市販品もあるので、それを利用しても。

作り方

1　牛すね肉は湯で洗ってから水でよく洗い、汚れを落とす。表面の薄い膜や筋なども取り除き、脂も包丁で削りとる。
2　大きな鍋にたっぷりの水（10〜12カップ）とすね肉を入れて強火にかける。ふたをしないで沸騰直前まで煮、アクが浮いてきたら、弱火にしてアクをていねいに取り除く。
3　煮汁が澄んできたら、ブーケガルニを入れ、あとで取り出しやすいように、糸を鍋の取っ手などに結んでおく。固形ブイヨンを入れて弱火で約2時間、コトコトと煮込む。
4　にんじんは皮をむいて7〜8㎝に切り、縦2つか4つに切る。大根も皮をむいて長さ7〜8㎝に切り、にんじんと同じくらいの太さに切る。玉ねぎは皮をむいて縦半分に切り、根元はバラバラにならないように少し残しておく。セロリは筋をとって長ねぎとともに7〜8㎝に切る。
5　キャベツは芯をそのままにして4つ割りにする。じゃがいもは皮をむいて2つ割りにする。
6　2のすね肉に竹ぐしを刺して、すっと通るほどやわらかくなったら、4のにんじん、大根、玉ねぎ、セロリ、ねぎを加えて、再び強火で煮る。
7　煮立ってきたら火を弱めて、野菜から出るアクをていねいに取り除く。
8　弱火にして20分ほど煮込み、野菜が透き通ってきたら5のキャベツとじゃがいもを加える。さらに煮込み、野菜が充分にやわらかくなったらブーケガルニを取り除く。塩を加えて味をととのえる。器に盛って、粒入りマスタードを添える。

ポトフ、火にかけた鍋

ポトフというのは「火にかけた鍋」という意味です。野菜と肉とスープを入れてコトコト……お鍋と火と時間が作る、温かい食事の基本でしょう。牛肉は煮込むほどにやわらかくなる、すね肉を使います。36ページの「ポタージュ・ペイザンヌ」で、野菜の切り方と時間差で作る煮方のお話をしましたが、ポトフも同じこと。野菜も肉も大きく切って使うので、煮る時間も長くなります。野菜を小さく切ると、途中で煮くずれて、スープが濁ってしまいます。野菜本来の味を楽しみたいなら、大きく切ることです。

ポトフの味つけは、塩、こしょう、固形ブイヨン1個。分量からみるとブイヨン2個かな、と思っても、1個でやめておくほうが正解です。そのぶん、野菜と肉をていねいに調理して、ブイヨンは、味を補う気持ちでいるほうがいい。味をつけすぎてしまうと、あと

じゃがいももキャベツも大きく切ります。
鍋の端に結んであるのが、ブーケガルニ。

戻りできません。煮込む順序は、まず牛肉、時間をおいて次がにんじんと大根と玉ねぎと長ねぎ、じゃがいもとキャベツが最後のグループ。牛肉からはアクが出るので、沸騰直前に弱火にして、ていねいにとります。ここまではそばでちゃんと見ていてください。

講習会でポトフを作る時は、いつも大きなお鍋を持参してたくさん作るので、「残ったらどうしたらいいですか?」という質問をよく受けます。次の日はカレー粉を入れてスープカレーに、野菜が残ったらつぶして牛乳を足すと、朝食にぴったりのクリームスープになります。路線は少し変わりますが、しょうゆとみりんを加え、さつま揚げを入れるとおいしいおでんになります。スープが少なくなったら、少し水を加え、塩味を調節して使うといいですね。ポトフは作り方も翌日の利用法もむずかしくありません。まず一度、本物のプロセスで味わってほしいと思います。

鶏肉のポトフ風

講習会では時々、手軽な鶏肉を使って作ることもあります。骨つきのもも肉を使い、塩、こしょうをふったあと、サラダ油で表面にさっと焼き色をつけてから、鍋に移して煮込みます。牛肉にくらべて、煮込む時間が短いから、野菜は少し小さめに切ります。牛肉入りと区別するために、これは「ポトフ風」と呼んでいます。

ブーケガルニは、セロリ、パセリ、乾燥タイムをローリエで包んで、たこ糸で束ねます。左にあるのが、市販されているもの。

ビーフシチュー

材料　4〜6人分

牛バラ肉(かたまりで)……500g
にんじん……2本
玉ねぎ……1個
じゃがいも……4個
小玉ねぎ……12個
デミグラスソース(300g入りの缶詰)……2缶
固形ブイヨン……1個
ブーケガルニ……1束
にんにく……ひとかけ
ブランデー……大さじ2
強力粉……大さじ3〜4
サラダ油……大さじ2
バター……大さじ3
塩・こしょう……各適宜
砂糖……ひとつまみ

作り方

1　牛肉は4〜5㎝角に切る。塩、こしょう各少々をふり、手でもみ込む。焼いた時にうまみが逃げないように、表面に強力粉をまぶす。

2　にんじんは$\frac{1}{2}$本を斜め切りにする。玉ねぎはくし形に切る。

3　フライパンにサラダ油大さじ1を熱し、1を少しずつ入れて、表面が濃いきつね色になるまで焼きつける。煮込む鍋に移す。

4　斜め切りにしたにんじんと玉ねぎを鍋に加えて軽く炒める。ブランデーをふり、軽く炒めながらアルコール分をとばす。

5　デミグラスソースを加えて炒め、全体がつやよくなったら、熱湯7〜8カップでブイヨンを溶いたスープを3〜4回に分けて加える。強火にかけ、沸騰したらすぐ弱火にして、浮いてきたアクをとる。

6　にんにくのみじん切りとブーケガルニを加え、ふたをして弱火で2時間煮る。

7　煮込み時間を使って、残りの野菜の準備をする。じゃがいもは4つ割りにして水にさらす。にんじん1$\frac{1}{2}$本はシャトー切りにする。

8　フライパンにサラダ油大さじ1を熱して、7のにんじんと水気をきったじゃがいもを軽く炒める。6の鍋に入れて15〜20分煮る。

9　小玉ねぎは皮をむいて八分どおりゆでる。フライパンをさっと洗い、バター大さじ1を熱して小玉ねぎを入れ、砂糖ひとつまみをふって焦げ目がつくように焼く。鍋に加えてふたをし、さらに20〜30分蒸し煮にする。

10　最後に塩、こしょうで味をととのえ、バター大さじ2を加えて火を止める。

ビーフシチューの本格派

これは「時間をかけた本格派の」ビーフシチューです。先日男性読者向けのムックからもお話があって作ったのですが、自分で作るのだからこそ、きちんとしたレシピを知りたいという流れが、男性の間でもあるようです。

ビーフシチューの主役は、やはり牛肉です。時間をかけて煮ると、驚くほどやわらかくなる、赤身の多いバラ肉を使います。できればかたまり肉を、ない場合はシチュー用のものを選び、塩、こしょうをもみ込みます。下味をつけ、肉のうまみが油に逃げないように、強力粉で表面をガードして、フライパンで焼きつけます。ここまでが牛肉の下準備です。

野菜は、玉ねぎ1個とにんじんの½本を先に準備します。この2種類を牛肉と一緒にじっくり煮込むことで、香りと甘みがシチューに加わります。

ブランデーをふって、さらに香りをつけたら、デミグラスソースの出番。全体にからめてから、スープを3～4回に分けて加えます。一緒に煮るのだから、一度に加えてもいいと思いますが、デミグラスに濃度があるので、スープを分けて加えてのばしていくほうが、かえって楽にできます。

ポトフでも使ったブーケガルニをここでも加え、コトコト煮込み。この間は時間が味をつくってくれます。残しておいた1本半のにんじんと、忘れていたわけではないじゃがいも、仕上がりをはなやかにしてくれる小玉ねぎ、

1

2

それぞれ表面に火を通してから加え、ふたをして蒸し煮にします。最後にバターを加え、余熱で溶かして完成。

シチューのように時間のかかる料理は、レシピを読みながらトントンと進む料理とは違うので、最初に作り方の流れを頭に入れておくと、あとがずっと楽に進められます。少し面倒に思うかもしれませんが、昔からずっと続いている料理のプロセスには、それぞれ理由があります。理由を考えて実践することで、料理の基本が分かり、そこから先に広がっていくのです。

3

4

5

サーモンクリームシチュー

材料　4~6人分

生鮭……4切れ
玉ねぎ……1個
にんじん……2本
じゃがいも……3個
セロリ……1本
ローリエ……2枚
白ワイン……½カップ
固形ブイヨン……1個
牛乳……1½カップ
生クリーム……1カップ
サラダ油……大さじ1
バター……大さじ2
コーンスターチ……大さじ2
塩・こしょう……各適宜

作り方

1　玉ねぎはみじん切りにする。
2　煮込む鍋にサラダ油を熱し、1を加えてしんなりするまで炒める。
3　生鮭は2~3つに切り、軽く塩、こしょうをふる。2に加えて軽く炒める。白ワイン、水2½カップ、ブイヨン、ローリエを加える。沸騰直前まで強火、その後弱火にして、表面に浮かぶアクをとりながら10分煮る。
4　にんじんとじゃがいもは3~4㎜厚さの輪切りにする。じゃがいもは水にさらしてアクを抜き、水気をきる。にんじんとともに3の鍋に加える。
5　セロリは筋をとり、斜め切りにする。4に加え、アクをとりながら弱めの中火で20分煮る。
6　野菜がやわらかくなったら、牛乳を加える。ふきこぼれないように弱火にして、10~15分静かに煮る。
7　生クリームの半量を加えてひと煮させる。コーンスターチを倍量の水で溶いて加え、とろみがつくまで弱火で煮る。残りの生クリームを加え、塩、こしょうで調味する。バターを落として仕上げる。

白いシチューの基本

デミグラスソースで味をつけていく、ビーフシチューの対極にあるのが、牛乳と生クリームで味をつける、白いシチュー、いわゆるクリームシチューです。魚介類の中でも使いやすい生鮭で、ひと皿作ってみましょう。

魚には、肉とは違う臭いがあるので、まず玉ねぎのみじん切りを炒めて香りの土台を作り、そこに生鮭を加えます。固形ブイヨン、水と一緒に、白ワインとローリエを加えます。これが香りをよくする第2ステップです。アクをとりながら10分煮て、野菜の出番。にんじん、じゃがいも、そしてセロリです。セロリは香りと味の野菜で、このシチューには欠かせません。

ここでも時々アクをとりながら20分、味つけの主役、牛乳を加えます。牛乳は油断していると、あっという間にふきこぼれてしまうので、ここはそばで見ていてください。生クリームの半量、とろみをつけるコーンスターチの順に加え、最後に残りの生クリームを加えてでき上がり。ビーフシチューよりも、煮込み時間がずっと短いので、晩ご飯に作りやすいおかずです。

「個食」ということばがあたりまえのようになっていますが、私はこのことばを聞くととても寂しい気がします。年齢を問わず、家族みんなでおいしく食べられるメニューがいくつかあれば、食卓がもっとにぎやかになって、「個食」の場が少しでも減るのに、といつも思います。

1

2

クリームシチューは、白ワインとサラダ、パンという組み合わせがもちろんおいしいけれど「お肉はちょっと」というご年配の方や、歯ごたえのある野菜がまだ苦手のお子さんにも、とても人気のあるメニューです。和のお惣菜にも合うし、ご飯を入れてリゾットにする食べ方もおすすめです。

「おいしいね」「ワイン飲む？」「いっぱい作ったからお代わりしてね」「明日の朝も食べられる？」……温かいシチューを囲んで、こんな会話があればいいなあ、と場面を想像しながら、深く願うこの頃です。

4

3

5

コーンと豚肉とトマトの煮込み

材料　4〜6人分

豚バラかたまり肉……500ｇ
玉ねぎ……1個
トマト(完熟)……3個
にんにくのみじん切り……ひとかけ分
ホールコーン(缶詰)……2缶
サラダ油……大さじ2
白ワイン……½カップ
固形ブイヨン……1個
ローリエ……2枚
A｜ウスターソース……大さじ1〜2
　｜トマトケチャップ……大さじ2〜3
　｜砂糖……ひとつまみ
グリーンピース(冷凍)……½カップ
パン粉……½〜⅔カップ
バター……大さじ2
強力粉……少々
塩・こしょう……各適宜

作り方

1　豚バラ肉は4〜5㎝角に切り、塩、こしょう各少々をすり込み、強力粉をまぶす。
2　玉ねぎは粗いみじん切りにする。
3　厚手の鍋を熱してサラダ油をなじませ、肉を並べて焦げ目をつけるように焼く。焼き色がついたら鍋の端に寄せ、あいたところに2とにんにくのみじん切りを入れて中火で炒める。きつね色になったら肉と混ぜ合わせ、白ワインを加える。強火で煮立ててアルコール分をとばし、湯2カップと固形ブイヨンを加える。
4　沸騰したら弱火にしてアクをとり、ローリエを加える。ふたをして1時間煮込む。
5　トマトは皮を湯むきして粗いみじん切りにする。ホールコーンは缶汁をきる。
6　3の豚肉がやわらかくなったら、5とAを加えて、さらに20〜30分煮る。グリーンピースを加え、10分煮る。
7　パン粉を加え、汁気を吸わせるようにして10分煮る。塩味をととのえ、バターを落として火を止める。

ビーフストロガノフ

材料　4人分

牛赤身薄切り肉……400 g
にんにくのみじん切り……2かけ分
マッシュルーム……250 g
バター……大さじ3
サラダ油……大さじ3
トマトピューレ……⅔カップ
パプリカ……小さじ1
生クリーム……⅔カップ
サワークリーム……⅓カップ
砂糖……ひとつまみ
塩・こしょう……各適宜
パセリのみじん切り……少々
クレソン……少々
バターライス
　ご飯……4カップ
　バター……大さじ2

作り方

1　牛肉はひと口大に切り、軽く塩、こしょうをふる。
2　マッシュルームは石づきのかたい部分を切り落とし、厚めの薄切りにする。
3　厚手の平鍋を熱してバター大さじ1とサラダ油大さじ1½をなじませ、肉を少しずつ入れて焦げ目を濃いめにつけて焼く。焼けた肉は取り出し、残りの肉も同様に焼く。
4　取り出した牛肉を鍋にもどし、にんにくのみじん切りを加えて全体に炒め合わせる。
5　トマトピューレと、砂糖を加え、からめながら水分をとばすように強火で炒める。
6　フライパンにバター大さじ1を溶かし、2を入れて強火で少し色づくまで手早く炒める。塩、こしょう各少々をふって、5に加えて混ぜ合わせる。
7　パプリカをふり、最後に生クリームを加えて混ぜる。さっと強火で煮詰めてから塩味をととのえる。
8　炊きたてのご飯にバターを加えて混ぜ合わせ、簡単バターライスを作る。
9　皿にバターライスを盛ってパセリのみじん切りをふり、7を添える。サワークリームをのせて、クレソンを添える。

牛すね肉のしょうゆ煮

材料　4〜6人分
牛すね肉(かたまり)……600ｇ
ねぎ……2本
しょうが……ひとかけ
砂糖……大さじ3
しょうゆ……⅔カップ
食紅……少々
つけ合わせ
　芽ねぎ・実山椒(あれば)……各少々
※食紅がない場合は省いて作ってください。

作り方
1　牛すね肉は、ぬるま湯の中でよく洗い、水気をふき取る。食紅を少量の熱湯で溶き、すね肉全体にもみ込むようにぬる。
2　ねぎ1本は6〜7㎝長さのぶつ切りにする。しょうがはたたきつぶす。
3　鍋に1と2を入れ、水2カップと砂糖、しょうゆを加えて強火にかける。沸騰直前に弱火にしてアクをとる。
4　ふたをして弱火で2〜3時間煮込む。煮汁が少なくなり、肉に竹ぐしを刺してすっと通るくらいになったら火を止め、煮汁につけたまま冷ます。
5　白髪ねぎを作る。ねぎ1本は4㎝長さに切り、縦に切り込みを入れて芯をとる。開いて繊維に沿ってせん切りにし、水に放してパリッとさせる。
6　4を薄切りにして盛りつけ、水気を絞った5を添える。あれば芽ねぎや実山椒を飾る。

待っている時間

シチューのように、煮込みに時間がかかる料理だけでなく、冷ましておく時間に味をしみ込ませ、よりおいしくさせる料理もあります。もうできたのに、もう食べられるのに、と思いますが、ここはちょっとだけ我慢。待っている間に、他のおかずの用意もできますし、食べるのは帰ってきてからのお楽しみにして、出かけることもできるでしょう。

かたまり肉を煮込む料理は、この待ち時間が味になる料理の代表です。煮込む間に煮汁は少なくなりますが、そのまま冷まして、煮汁の味をぎゅっとしみ込ませます。スライスした肉は、ねぎをたっぷり添えてごちそうの一品に、端を細切りにして、野菜と混ぜてサラダにしてもバランスのいいおかずになります。牛肉のうまみをたっぷり含んだ煮汁は、チャーハンの味つけに使ったり、ラーメンのスープにしたりと、こちらも展開できますね。これだけ利用できれば、家庭のお惣菜としてはとても優秀です。

レシピの分量で牛かたまり肉６００ｇと見ると、家族が少ないからそんなに食べられない、と思う人もいるかもしれません。でも煮込むと肉は小さくなりますし、それくらい使うからおいしいんです。一度作ると、次は分量を倍にして作ろうという気になりますよ。

53回目のおせち料理

もう長い間、おせち料理は3品だけ作ることにしています。ぶりのお雑煮と黒豆と、この五目酢あえの3つです。五目酢あえはとにかく時間がかかります。途中で味をなじませる時間を何度もとり、最後まで仕上げても食べ頃は2〜3日先。準備は数日がかりです。大変と思われるかもしれませんが、おせち料理は1年に1度のこと。50年作り続けても、たった50回のことです。

あと何年作れるかしら、と思いながら、今年もまた53回目のおせち料理3品を用意し、楽しみにしている人達と一緒にいただきました。新しい年を、みな元気で過ごせますように、と祈りながら。

五目酢あえ

材料　4〜6人分

大根……(大)1本
にんじん……1本
塩……大さじ1
酢……2〜2½カップ
干ししいたけ……8枚
A｜だし汁……1カップ
　｜砂糖……大さじ3
　｜しょうゆ……大さじ2
れんこん……約100g
B｜だし汁……¼カップ
　｜酢……大さじ2
　｜砂糖……大さじ2
　｜しょうゆ……大さじ1
　｜塩……少々
白ごま……120〜180g
厚揚げ……2枚
油揚げ……2枚
C｜砂糖……1カップ
　｜みりん……½〜⅔カップ
ゆずの皮……1個分

五目酢あえは、主人の妹の嫁ぎ先、岩崎家の味です。親鸞聖人の命日11月28日「報恩講」に作る精進料理に欠かせない一品で、岩崎家では昔300人分ほどを作って配っていました。
その味を習い、少ない人数で作るようにしたものが、このレシピです。城戸崎家ではおせち料理として作り続けていますが、私は干ししいたけの究極の料理は、この含め煮だと思います。

作り方

1　大根とにんじんは皮をむき、4〜5㎝長さのせん切りにしてガラスかホウロウのボウルに入れる。塩大さじ1をふり、手でざっくり混ぜる。水気が出るまで最低3時間から半日おく。

2　1の水気をきつく絞り、酢をひたひたになるまで注いでひと晩おく。

3　干ししいたけはぬるま湯2カップ（分量外）にひと晩つけてもどす。軸を除いて薄切りにして鍋に入れる。もどし汁とAのだし汁を入れて強火で煮る。煮立ったらアクを除き弱火でふたをして約10分煮る。Aの砂糖のうち大さじ2を加え、10分煮て砂糖大さじ1を加える。さらに10分煮て、しょうゆを加えて煮きる。

4　れんこんは皮をむき縦4〜6等分にして薄切りにする。酢水に約5分さらし、水気をきる。

5　鍋を熱して4を入れる。Bの材料を加え、強火で煮きる。

6　厚手の鍋で白ごまを炒り、すり鉢でする。ひと晩おいてねっとりさせる。

7　2日目に厚揚げの皮を薄く切り、皮の裏の豆腐の部分を包丁の背でこそげ取る。油揚げも同様にして、皮は細いせん切りにする。

8　6の白ごまと7の豆腐部分、Cを順次フードプロセッサー(またはすり鉢でする)にかけ、あえ衣を作る。みりんの量は味をみて調節すること。

9　2の大根、にんじんを軽く絞ってボウルに入れ、3のしいたけ(一部飾り用に残す)、5のれんこん、7の厚揚げと油揚げの皮を混ぜる。8のあえ衣を2〜3回に分けて加え、手で混ぜる。

10　密閉容器などに入れ表面を平らにして、9の飾り用しいたけとゆずの皮のせん切りを散らし、冷蔵庫に保存する。3日後くらいから味がなじむ。

File3

東京會館での料理事始

皇居のお堀端にある東京會館のクッキングスクールに入学したのは、昭和30年秋、第2期生でした。家族の期待の中、特に舅からは「愛さん、行ってらっしゃい」と手を振らんばかりの送られ方。基本科に入学し、以来、毎週1回の受講。パリにいた時にも、レシピを送っていただいたので、計10数年にわたってクラスをとり続けたことになります。

西洋料理も、中華料理も、専任の先生やシェフの方から直接習い、配られたレシピに書き込みをしながら、ためていきました。10年後パリでコルドン・ブルーに

上級クラスを修了すると「カトレヤ会」という会に参加することができます。写真は会の集まりの様子。着物姿の人が多いのに驚きますが、当時きちんとした服装はこうでした。右上は私が通っていた頃の東京會館。私は2期生ですが、現在は108期生募集とのこと。

通うことになるのですが、西洋料理の基礎を東京會館で学んでいたことが、心強い味方になりました。

もともと城戸崎の家が東京會館のファンだったので、結婚以来50年、記念日に、お祝い事に、法事に、時には打ち合わせをわざわざこの場所にして、今もことあるごとに利用しています。

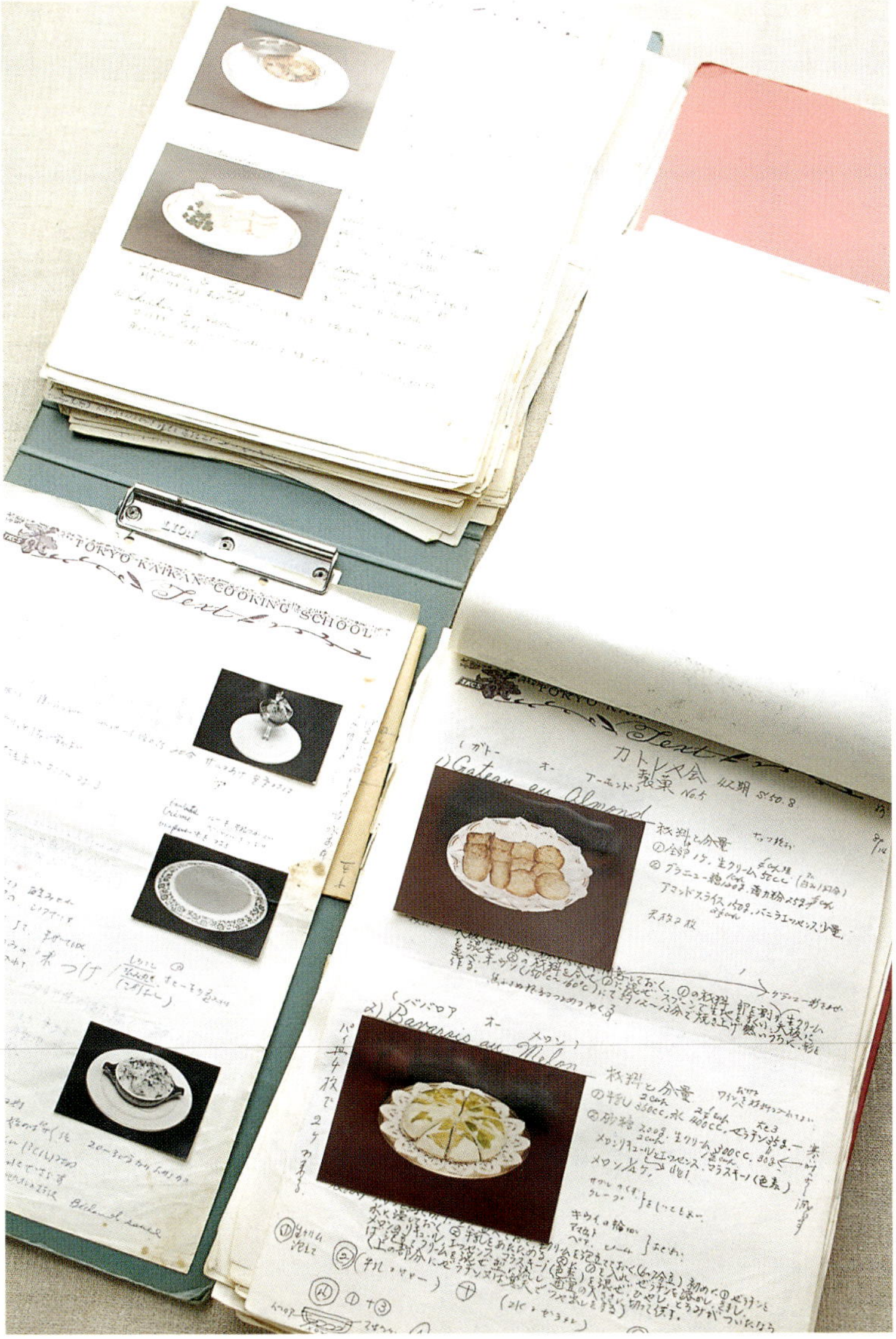

レシピが毎回配られ、そこで作ったお料理の写真を、希望者は翌週購入して貼る、というシステム。写真のプリントがすぐにできない時代の最善の方法でした。モノクロ写真からカラーになった時、とてもうれしかったことを思い出します。

私の喜寿や傘寿の記念日など、節目の折にはここで会を開きます。左はヴィシソワーズにコンソメのジュレをのせていただく、特製スープ。右は、これもまた何十年もずっと変わらないパイナップル入りパウンドケーキ「ガトー・アナナ」

【第五章】

サラダ・セレクション

野菜をおいしく食べるコツ

「野菜をおいしく食べること」が一時期のブームではなく、あたりまえの考え方になってきました。野菜料理のひと皿として、サラダを見直すにはいい機会なのだと思います。サラダの語源は、ラテン語のsāl（塩）からきているとされています。生の野菜に塩をふって食べることが始まりだとすると、サラダの原点はここにあるのです。

サラダという料理の枠を、できるだけたくさん知ってもらおうと、今までいろいろな呼び名で紹介してきました。たとえば「シンプルサラダ」「ごちそうサラダ」「おかずサラダ」「おつまみサラダ」……。家庭で作るサラダの基本は、シンプルで、野菜がおいしく食べられる、おかずのひと皿なのです。あまり盛りだくさんにしないで、引き算感覚でサラダのことを考えてみましょう。残っているのは、使いやすい野菜であり、おいしく仕上げるシンプルな調理法であり、それを活かした味つけです。

新鮮なレタスやトマトやきゅうりなどは、1種類でも本当においしいサラダになります。ゆでたり蒸したりする野菜は、本来の味を活かしたサラダがいちばん似合います。「レタスは手でちぎり氷水に入れてシャキッとさせる」「水気はよくふいてからドレッシングをかける」何十回となく原稿に書き、講習会などでも話してきたことです。これもまた何十年も変わらない、変えることのできない文章です。

身近にある野菜のことやドレッシングのことを、家庭のサラダをおいしく作るいくつかのポイントを、この章では、あらためて確認していきたいと思います。

レタスのレモン風味サラダ

材料　4人分

レタス……1個

レモン(国産)……1個

グラニュー糖……大さじ1～1½

作り方

1　レタスは1枚ずつはがし、食べやすい大きさにちぎる。

2　ボウルにたっぷりの氷水を用意し、1を20分くらいつけてパリッとさせる。ざるに上げ、水気をよくきる。

3　器に盛り、食べる時まで、冷蔵庫で充分に冷やしておく。

4　レモンの皮¼個分はごく細く切り、レモン¼個は薄切りにする。皮をむいた部分と残りのレモンは絞っておく。

5　3にレモンの皮とレモンの薄切りを散らし、食べる時にグラニュー糖をふりかけ、4の絞り汁をまわしかける。全体をよく混ぜる。

南仏の味の記憶

結婚して間もない頃、主人から「作ってほしい」といわれた最初の料理が、レタスのレモンサラダでした。南フランスで食べたおいしさが忘れられないということで、作り方も教えてくれました。材料はレタスだけ、味つけはレモンとグラニュー糖。サラダの原点は「塩」と前のページに書いているのに、このサラダには塩は使いません。変だなあと思われるでしょうが「ちょっと不思議な、特別のサラダ」と思って一度作ってみてください。レタスだけだからいいということも、レモンの香りがこんなにも食欲を刺激するということも、グラニュー糖が、レタスとレモンの味を引き立てる名脇役であることも、全部お分かりいただけると思います。

レタスは手で大きめにちぎり、氷水に20分つけてシャキッとさせます。ふきんで包むようにして水気はふきとります。私がくり返し話しているプロセスの原点はこのサラダからでした。葉にみずみずしさを与え、冷たくすることで食感と味わいをよくします。グラニュー糖は甘みというよりは風味、レモンは酸味であり、香りになります。全体をよく混ぜて味をなじませます。味がよくなじむように、レタスは包丁ではなく、手でちぎって断面が広がるようにします。糖分はグラニュー糖でないとだめ、白砂糖ではレタスの表面ですぐに溶けてしまいます。コーヒーや紅茶用のスティックタイプのものでいいので、グラニュー糖を使ってください。

主人が南仏で食べた時は、いつもローストチキンと一緒だったとか。よく2つのメニューを一緒に作りましたが、確かにとてもおいしい組み合わせでした。味の記憶おそるべしです。

トマトサラダ

材料　4人分
トマト……3個
塩……少々
プチトマト(赤・黄)……各8個
玉ねぎのみじん切り……大さじ3
パセリのみじん切り……大さじ2
フレンチドレッシング
　塩……小さじ⅔
　砂糖……ひとつまみ
　こしょう……少々
　サラダ油……大さじ3
　酢……大さじ2
マーシュまたはクレソン……適宜

作り方
1　トマトは6〜8等分のくし形に切り、塩をふりかけて冷蔵庫で冷やす。
2　プチトマトはへたを落とす。
3　フレンチドレッシングの調味料を材料表の順によく混ぜておく。
4　器にトマトとプチトマトを盛り合わせ、玉ねぎのみじん切りとパセリのみじん切りを全体に散らす。マーシュをあしらって3をかける。食卓でよくあえる。

千草サラダ

材料　4人分

レタス……5枚
にんじん……½本
大根……5cm
きゅうり……2本
セロリ……1茎
玉ねぎ……½個
ラディッシュ……3個
きくらげ(水にもどして)……2枚
白ごま……大さじ2
ドレッシング
　しょうゆ……大さじ1½
　みりん……大さじ1½
　酢……大さじ½
かいわれ菜……少々
※きくらげが手に入りにくい時は省いて作っても結構です。

作り方

1　野菜をせん切りにする。にんじん、大根、セロリは、薄切りにし、少しずつずらして重ねながら切る。きゅうりは斜め薄切りにしてから切る。レタスは葉を重ねて切る。
2　玉ねぎは薄切りにする。きくらげ、ラディッシュもせん切りにする。
3　ボウルに冷水を入れて、1と2を入れる。水気をきってから冷蔵庫で少し冷やす。
4　ドレッシングの材料をよく混ぜる。
5　器に3を盛り、かいわれ菜を添えて、白ごまをふる。ドレッシングを添える。

サラダとドレッシング

「サラダの基本は塩にある」と97ページに書いたところに戻って、ドレッシングのことを考えてみましょう。ドレッシングの基本はなんといっても「フレンチドレッシング」です。材料はサラダ油、酢、塩とこしょう、私はここに砂糖ひとつまみを入れています。ドレッシングの中で、酢がツンとたちすぎないようにし、サラダの味をまろやかにおいしくするための、ちょっとしたコツです。基本配合は、102ページのトマトサラダで使ったとおり。これはポテトサラダで、じゃがいものゆで上がりの味つけでもあります。

もやしのサラダ・みそドレッシング

材料(4人分)　もやし1袋　ごま油小さじ$\frac{1}{2}$　塩少々　万能ねぎ少々　みそドレッシング（赤みそ大さじ$\frac{1}{2}$　砂糖小さじ1　サラダ油大さじ2　酢大さじ1）　糸唐辛子(あれば)少々

作り方　1　熱湯にごま油と塩を加え、ひげ根と芽をとったもやしを入れ、1〜2分ゆでてざるに上げる。

2　万能ねぎは3cm長さに切る。

3　ドレッシングの材料をよく混ぜ、1をあえる。あれば糸唐辛子少々を飾る。

ねぎと厚揚げのサラダ・みそマヨネーズ

材料(4人分)　長ねぎ2本　厚揚げ2枚　みそマヨネーズ（赤みそ大さじ1　マヨネーズ大さじ4　黒ごま大さじ1　砂糖小さじ1）　フレンチドレッシング少々（102ページ参照）

作り方　1　ねぎは4cm長さのぶつ切りにし、網にのせて焼く。厚揚げは同様に焼き、食べやすく切る。

2　熱いうちにドレッシング少々であえ、味をしみ込ませる。冷めてからみそマヨネーズをかける。

基本配合をもとにして、しょうゆを入れれば、和風味になるし、パセリやにんにく、ゆずやレモンなど、香りと味の素材をプラスすることも簡単です。

もうひとつのサラダソースはマヨネーズです。他の素材を混ぜやすいので、刻んだ卵を入れてディップ風に、明太子やツナを混ぜておかず風に、ごまやみそを混ぜて和風に、こちらもサラダの万能選手です。おいしいドレッシングを何種類か知っているだけで、サラダのバリエーションは大きく広がります。

「100のサラダを覚えるより、10のドレッシングをマスターしたい」というのは、30年前にサラダ撮影を担当した広告のコピーですが、今あらためて、このコピーの深さと新鮮さとを実感しています。

きゅうりのサラダ・パセリドレッシング

材料(4人分)　きゅうり2本　ドレッシング(パセリのみじん切り大さじ1　万能ねぎのみじん切り大さじ1　塩小さじ⅔　こしょう少々　サラダ油大さじ3　酢大さじ2　砂糖ひとつまみ)　サラダ菜4枚

作り方　1　きゅうりはへたをとり皮を薄くむいて6～7㎜の小口切りにする。塩ひとつまみ(分量外)をふり、15～20分おく。

2　ドレッシングの材料を混ぜ、1をあえる。

3　器にサラダ菜をしいて、2を盛る。

カリフラワーのディップサラダ

材料(4人分)　カリフラワー小1株　マーシュ(あれば)少々　ディップ(ゆで卵の黄身4個分　粒マスタード大さじ1　マヨネーズ大さじ4)　パセリのみじん切り少々

作り方　1　カリフラワーは洗って水気をきり、小房に分ける。2～3㎜厚さの薄切りにして器に盛り、マーシュを飾る。

2　ディップを作る。ゆで卵の黄身をスプーンでつぶし、粒マスタードとマヨネーズを加えてよく混ぜる。別の器に盛り、パセリのみじん切りを散らす。

足し算と引き算

おいしいサラダを作りたいと思ったら、野菜の味、切り方、ドレッシングをあわせて考えて、やりすぎない、頑張りすぎないサラダにすることです。素材もドレッシングも、あれもこれもとにぎやかに入れるのがいいわけではありません。シンプルな素材だからこそ、おいしさが引き立つこともあります。

たとえば前ページのきゅうりのサラダを見てください。素材はきゅうりだけ、その代わりフレンチドレッシングにパセリと万能ねぎを混ぜて香りづけをします。きゅうりは皮をほとんどむいています。ドレッシングがよく

大根のサラダ・明太子ドレッシング

材料(4人分)　大根$\frac{1}{3}$本　ラディッシュ5～6個　かいわれ菜適宜　ドレッシング（明太子大さじ1　塩小さじ$\frac{1}{2}$　こしょう少々　サラダ油大さじ1　酢大さじ2）

作り方　1　大根は皮をむき4cm長さの拍子木切りにして塩少々(分量外)をふり15分おく。水気をきる。

2　葉と茎はさっと塩ゆでにし4cm長さに切る。ラディッシュは薄切りにして水にさらし水気をきる。

3　1と2をドレッシングであえ、食べやすく切ったかいわれ菜をあしらう。

アスパラのサラダ・トマトドレッシング

材料(4人分)　グリーンアスパラガス20本　スライスチーズ2枚　ドレッシング(トマトのみじん切り大さじ2　にんにくのみじん切り小さじ$\frac{1}{3}$　塩小さじ$\frac{2}{3}$　サラダ油大さじ3　酢大さじ2)

作り方　1　グリーンアスパラガスは筋をとり、太いものは根元の皮をむく。塩少々を入れた熱湯で3～4分ゆでる。氷水にとって冷まし水気をきる。

2　スライスチーズは細切りにする。

3　1を器に盛り、ドレッシングをかけチーズをのせる。

なじむようにして、きゅうりの新鮮なおいしさを引き出すためです。

私は、お料理には「足し算と引き算」があると思います。味をいろいろ加えていく足し算料理よりも、ここでは必要がないと思う味を引いて、いいところだけを残す、引き算料理のほうがむずかしい。サラダを見るとよく分かります。このページのグリーンアスパラガスのサラダも、蒸しかぼちゃのサラダも、素材はひとつです。その代わりドレッシングに少し強い香りや味の加わったものを使っています。引き算をしたシンプルな素材には、時には足し算のドレッシングを組み合わせてみてください。プラスマイナスのバランスがとれた、サラダの新しいおいしさが見つかりますからね。

かぼちゃのサラダ・にんにくドレッシング

材料(4人分)　かぼちゃ(小)½個　玉ねぎ½個　ドレッシング(にんにく・しょうがのみじん切り各ひとかけ分　塩小さじ½　こしょう少々　サラダ油大さじ3　酢大さじ2　パセリのみじん切り少々)

作り方　1　玉ねぎは薄切りにして水にさらす。

2　かぼちゃはくし形に切り、皮をところどころむく。湯気のたった蒸し器に入れ、7〜8分蒸す。

3　水気をきった1と2をドレッシングであえる。器に盛って上からもパセリのみじん切り(分量外)をかける。

長いもとオクラのゆず風味サラダ

材料(4人分)　長いも250g　オクラ8本　ゆず1個　ドレッシング(塩小さじ½　しょうゆ・酢・ゆずの絞り汁各大さじ1　サラダ油大さじ3　砂糖ひとつまみ)

作り方　1　長いもは4cm長さに切り、皮を厚めにむいて酢水につけ、細切りにして水気をきる。

2　オクラは塩少々(分量外)を入れた熱湯でさっと塩ゆでし、薄切りにする。

3　1と2を盛り合わせ、ゆずの皮のせん切りを散らす。ドレッシングであえる。

File3

ピーター・ラビットのにんじんサラダ

1977年の春、雑誌「ノンノ」からサラダ特集のお話がありました。ノンノでの最初の仕事でした。それは普通の特集ではなく、『ピーター・ラビット』のお話のサラダで、絵本に触れながら、イメージできるお料理の紹介をするとのこと。

それまでは主婦向けの実用的な料理がほとんどだったので、若い読者に向けた、実用とは別の世界にある料理が大変に新鮮でした。お話の世界が広がるようなサラダを考え、カメラマンとスタイリストさんの力を借りて、絵本のようなページができ上がりました。「ピーター・ラビットの野菜サラダ」という名前の特集を、ノンノの読者は、とてもあたたかく受け入れてくれました。その後も、絵本や童話をベースにした料理やお菓子のテーマは何回も特集に組まれました。ノンノ、そしてモアをはじめとする女性誌の仕事は、以来30年続いています。すべてのきっかけは、野菜好きのいたずらうさぎ、ピーター君だったのです。

にんじんサラダ

皮をむいて4cm長さのせん切りにした、にんじん2本（4人分）をボウルに入れ、塩小さじ½をふって、30分ほどおきます。にんじんから水気が出るので、よく絞って別のボウルに移します。食べる直前にマヨネーズ大さじ3に溶き辛子小さじ1〜2を混ぜたものであえ、器に盛ってパセリのみじん切り少々をふります。

←「いいうさぎのにんじんサラダ」「マグレガーさんの農園サラダ」他、サラダは全部で6点。記事の中にはこう書いてあります。「お料理にも、この絵本のような、ちゃめっ気やいたずら心が、少しはあっても、いいんじゃないかと思います」

にんじん
サラダ
★センスアップ peter·rabbit クッキング★
ピーター・ラビットの野菜サラダ
ピーターのお母さんはお料理上手。今日もおいしい料理の材料を買いだしに行くのです。▼
179

【第六章】

ふだん着のおかず

いちばん楽しく立派なこと

この本を作る過程で、昔のアルバムを開き、何十年分かのスクラップをめくり、しばし思い出にふける時間が続きました。その中で、読んでいた本、聞いた情報や話したことなども、思い起こすことになりました。そんな記憶の根底に「福澤諭吉の心訓七則」があります。その中の2つはこんなふうです。「世の中で一番楽しく立派なことは？　一生涯を貫く仕事を持つことです」「世の中で一番寂しいことは？　する仕事がないことです」

幸いにして、私は料理という一生涯を貫く仕事を持つことができ、する仕事がない寂しさを感じることなく過ごしてきました。料理はまず家族のために始まり、家族の「おいしいね」の言葉が、まわりの人達、読者や視聴者の方々へ向けてのものにもなりました。決してよそゆきの料理ではなく、家の台所で作ってほしいと願う、ふだん着の家庭料理です。だからこそ生涯を貫く仕事として、今まで続けてこられたのだと思います。

この章で紹介する料理は、スパゲッティやカレー、さばのみそ煮、いんげんのごまあえ、厚焼き卵……と本当に、いつ食卓に並んでもいい、ふだん着のおかずばかりです。うちにいらっしゃる方が、いつも作っている私のドライカレーを、おいしいと食べてくださり、れんこんのきんぴらを持って帰られることがうれしいのです。

「福澤諭吉の心訓」は、福澤さん本人の書ではなく、後世の人の手によるという説があることを、最近知りました。その真偽はともかく、私にとっては心の教訓です。その5つめ「世の中で一番尊いことは？　人の為に奉仕して決して恩にきせないことです」

トマトソースのパスタ

材料　4人分

トマトソース約2カップ分

　トマト煮缶詰(400g入り)……1缶

　玉ねぎ……1個

　にんにく……ひとかけ

　オリーブオイル……大さじ2

　トマトペースト……大さじ1

　バジル(乾燥)……小さじ½

　オレガノ(乾燥)……小さじ½

　パセリのみじん切り……大さじ1

　ローリエ……2枚

　砂糖……ひとつまみ

　塩・こしょう……各少々

パスタ(スパゲッティ)……300g

塩……大さじ1

パルメザンチーズ(おろしたもの)

　……大さじ4

オレガノ……適宜

作り方

1　玉ねぎとにんにくはみじん切りにする。

2　平鍋にオリーブオイルを熱して1を加え、弱火で玉ねぎがしんなりして、透き通るくらいまで炒める。

3　トマトを缶汁ごと加え、トマトペーストもここで加える。

4　焦げつかないように注意しながら、弱火で煮る。へらで時々鍋底から返すようにすると焦げつかない。バジル、オレガノ、パセリを加え、風味をつける。

5　ローリエを加え、弱火で20〜30分煮る。

6　かくし味に砂糖を加え、塩、こしょうで味をととのえる。

7　たっぷりの湯を沸騰させて塩を加え、パスタをゆでる。

8　ゆでたてのパスタと6のトマトソース1カップをあえ、器に盛り、パルメザンチーズをかけてオレガノを添える。

カルボナーラ

材料　4人分

ベーコン……100g

卵黄……6個分

塩・こしょう……各少々

粒こしょう……少々

タリアテッレ(平たい麺)……400g

作り方

1　タリアテッレは塩大さじ1(分量外)を入れた湯で少しかためにゆで、湯をきる。

2　ゆでている間に、ベーコンを幅1cmの短冊切りにし、油をひかないフライパンで空炒りして、ベーコンの脂を充分に出す。

3　1を2に加え、ごく弱火にして混ぜ合わせる。塩、こしょうで調味し、手早くボウルに移す。

4　卵黄をよく混ぜておき、3にまんべんなく混ぜ合わせて、余熱で半熟状にする。温めた皿に盛り、好みで粒こしょうをかける。

ドライカレー

材料　4人分

牛ひき肉……400ｇ
玉ねぎ……1個
にんじん……1本
ピーマン……2個
にんにく……ひとかけ
バター……大さじ1
ゆで卵……1個
パセリのみじん切り……少々
レーズン……適宜
アーモンドスライス……適宜
オリーブ……適宜
薄力粉……大さじ1
カレー粉……大さじ1
固形ブイヨン……½個
トマトケチャップ……大さじ1
塩・こしょう……各少々
ご飯……5カップ
カレー粉……大さじ1

作り方

1　玉ねぎ、にんじん、ピーマン、にんにくはそれぞれみじん切りにする。

2　フライパンにバターを熱して、1の玉ねぎとにんにくを炒める。玉ねぎがしんなりしてきたら、にんじんとピーマンを加え、さらに炒めながらよく混ぜ合わせる。

3　牛ひき肉を加えて炒め合わせ、ひき肉に軽く火が通ったら、薄力粉を加えてさらに炒める。カレー粉を加えてさらに炒める。

4　カレー粉のいい香りがしてきたら、スープ（固形ブイヨンを湯⅓カップで溶いたもの）を注ぎ入れて、よく混ぜ合わせる。

5　トマトケチャップを加え、弱火で10〜15分、ふたをかぶせて汁気がなくなるまで蒸し煮にする。塩、こしょうで調味する。

6　バターライスを作る。温かいご飯をバター大さじ2（分量外）で炒め、カレー粉を加えて軽く炒め、レーズンを混ぜる。器に盛り、5をかける。白身と黄身を別々にみじん切りにしたゆで卵をのせ、パセリ、アーモンドスライス、オリーブを添える。あればクレソンも添える。

しらす卵どんぶり

材料　4人分

しらす干し……100ｇ
卵……4個
玉ねぎ……(小)2個
砂糖……大さじ3～4
しょうゆ……小さじ½～1
塩……小さじ1弱
青のり……少々
紅しょうが……少々
ご飯……5～6カップ

作り方

1　玉ねぎはみじん切りにする。

2　しらす干しは水でよく洗って汚れをとり、軽く塩気を抜いておく。

3　鍋に1と2を入れ、ひたひたの水を入れて煮る。玉ねぎが透き通ってきたら、砂糖、しょうゆ、塩を入れて、甘めに味をつける。汁気がほとんどなくなるまで煮る。

4　どんぶりに温かいご飯を盛り、3の汁少々をかけておく。

5　鍋を再び弱火にかけ、卵をほぐして加え、炒り卵の要領で混ぜる。

6　4に5をかける。仕上がりに青のりと紅しょうがをのせる。

城戸崎軍団と野田さんのこと

私の助手さんたちは、いちばん長い人で35年、若手でも15年、本当に長い間、私の右手であり左手であり、よき相談相手です。「城戸崎軍団」と呼ぶ人もいますが、一致団結、縁の下の力持ちとなって、私を助け支えてくれています。野田恵美子さんもそのひとりでした。明るくおおらかで、野田さんがいるだけで場の雰囲気が和らぎました。私の遠縁にあたる人なので、料理助手というだけでなく、対外的な仕事や経理的な仕事も、一手に引き受けて進めてくれました。

野田さんのおばあさまは古市男爵家のご出身で、お嫁入りの際にはばあやさんが一緒でした。昔はこういう慣習があったのです。このお料理上手のばあやさんが、戦後の材料のまだ乏しい時代に、お昼ごはんに作ってくださったのが「しらす卵どん」です。今見ると卵としらすという、ふだん着のおかずですが、当時は大ごちそうで、どんなにうれしくおいしくいただいたことか。その味を思い出しながら、以来ずっと作り続けています。

野田さんは7年前、50歳の時に彼岸に旅立たれました。考えてもみなかったことですから、大変なショックでした。でも私も軍団の他の助手さんたちも、家に来られる仕事関係の方たちも、何年たっても野田さんがもういないとは考えられません。大柄で元気な野田さんが、いつもどこかで私達のことを見てくれています。元気がない時など「先生、そんな顔していちゃだめですよ！」とニコニコ笑いながら、大きな手でポンと肩をたたいて、前に押し出してくれる、本当にそんな気がするのです。

さばのみそ煮

材料　4人分

さば……1尾
塩……小さじ2
しょうが……(大)ひとかけ
A｜だし汁……1½カップ
　｜酒……大さじ6
　｜砂糖……大さじ3
　｜塩……小さじ½弱
赤みそ……45g
白みそ……45g
防風(あれば)……少々

作り方

1　さばは頭と内臓を取り除いてよく洗い、3cm厚さの筒切りにする。
2　ざるに1の切り口を上にして並べ、両面に塩をふって20分おく。塩が溶けて流れてきたら、手早く水洗いをして水気をふく。
3　しょうがは半分は薄切りに、残りはせん切りにする。
4　平鍋にしょうがの薄切りを入れ、Aを加えて強火にかける。煮立ったら2のさばを並べて入れ、スプーンで煮汁をまわしかけながら煮る。再び煮立ったら中火にし、ふたをして6〜7分静かに煮る。
5　いったんさばを取り出し、残った煮汁に赤みそと白みそを溶き入れる。みそが溶けたらさばを戻し、煮汁を上からかけながら、弱めの中火で10分ほど煮て、味を含ませる。
6　煮汁がとろっとしてきたら火を止める。器に盛りつけ、しょうがのせん切りと防風をあしらう。

さわらの照り焼き

材料　4人分

さわら……4切れ

A
- しょうゆ……大さじ4
- みりん・酒……各大さじ1
- 砂糖……大さじ1

谷中しょうが……4本

B
- 酢……大さじ4
- 砂糖……大さじ2
- 塩……少々

サラダ油……少々

大根おろし……適宜

防風(あれば)……少々

作り方

1　さわらは水気をふいて、バットなどに並べ、Aの調味料をまわしかける。時々上下を返しながら40分ほどつけて味をなじませる。

2　谷中しょうがは包丁で皮をこそげながら筆のような形に整え、ひと煮立ちさせたBの中に根の部分だけつけてそのまま冷ます（これを筆しょうがと呼ぶ）。

3　フライパンを熱してサラダ油をひき、汁気をきった1のさわらを、表にする面を下にして並べる。つけ汁はとっておく。

4　中火で焼き、いい焼き色がついてきたら裏返して火を弱め、中まで火を通す。表面をさわって、弾力があれば焼き上がり。皿に盛る。

5　4のフライパンに残ったつけ汁を入れて煮詰め、とろりとしてきたら4にかける。筆しょうがと大根おろしを添え、防風をあしらう。

切り身魚の使い方

肉料理にくらべて、魚料理が苦手という話を、特に若い方達から聞きます。でも食べるのが苦手なのではなく、作る自信がない、ということのようです。「外ではお昼に、魚定食をよく食べるんですよ。さばのみそ煮や、ぶりの照り焼き、塩焼きも煮つけもフライも大好き」と、メニュー名をたくさん並べて、うれしそうに話す方もいらっしゃいます。

魚の、それも切り身魚のお料理は、ほんの少しのポイントを知っておけば、決して難しくありません。たいせつなことは、魚特有の臭みをとり、おいしさを引き出すということ。

この章では、３種類の魚料理を紹介しますが、それぞれ調理法に合わせて、塩、酒、みそ、しょうが、大根おろし、レモンなど、調味料や香味野菜を使っています。どれも昔からずっと伝えられてきた、家庭で魚料理をおいしく作るための基本です。

切り身魚は、基本を知っておくと、他の魚で応用がききます。照り焼きなら、さわらがない時でも、ぶりやめかじきや、生鮭などで。フライでも、めかじきやあじが簡単に使えます。苦手だと考えないで、ふだん着のおかずメニューを増やしてくださいね。

生鮭のフライ、タルタルソース添え

材料　4人分

生鮭……4切れ
塩・こしょう……各少々
強力粉……適宜
溶き卵……1個分
パン粉……適宜
レタス……5〜6枚
トマト……1個
レモン……1個
パセリ……少々
揚げ油……適宜
タルタルソース
　マヨネーズ……½カップ
　ゆで卵のみじん切り……大さじ2
　玉ねぎのみじん切り……大さじ2
　　（水にさらして絞る）
　パセリのみじん切り……大さじ1
　きゅうりのピクルスのみじん切り
　　……大さじ1

作り方

1　生鮭は水気をふき、軽く塩、こしょうをふる。強力粉を薄くまぶし余分な粉ははらう。溶き卵をくぐらせてから、広げたパン粉にのせ、上からもパン粉をかけて、手で軽く押さえる。バットなどに並べ、冷蔵庫で30分ほどねかせて衣をなじませる。
2　タルタルソースの材料を全部混ぜておく。
3　レタスは大きめにちぎり、トマトはくし形に切る。レモンは半月切りにする。
4　揚げ油を中温に熱して1を2切れ入れ、ゆっくりときつね色になるまで揚げて油をきる。残りも同様に揚げる。
5　皿に4のフライをのせ、3の野菜とパセリを添え、2を手前に添える。

あと一品の野菜のおかず

ご飯のしたくをしていて、もうひと皿おかずが欲しい、それも野菜のおかずが食べたい、と思うことがあります。そんな時にさっと作れる、手軽な野菜おかずを考えてみましょう。

まず煮物、おひたし、あえものが代表。どれも、身近にある素材と調味料で作る、ふだん着おかずですが、ここにも「ちょっとのコツ」があります。たとえば、かぼちゃのじか煮は、水と調味料を鍋に入れ、切ったかぼちゃを皮のほうを下にして並べてから、火にかけます。味がまんべんなくまわり、きれいにほっくりと仕上がります。

春菊の煮びたし

材料(4人分)　春菊1束　油揚げ2枚　だし汁1½カップ　砂糖大さじ2　酒大さじ1　しょうゆ大さじ1½

作り方　1　春菊は塩少々(分量外)を加えた熱湯でゆで、冷水にとる。水気を絞って4cm長さに切る。

2　油揚げは熱湯をかけて油抜きをし、水気を絞る。横半分に切り7〜8mmの短冊切りにする。

3　鍋にだし汁と2を入れて弱めの中火にかけ、ふたをして10分煮る。砂糖と酒を加え10分煮る。しょうゆを加え10分煮て1を加え、温める程度に火を通す。

かぼちゃのじか煮

材料(4人分)　かぼちゃ小½個　砂糖大さじ2〜3　しょうゆ大さじ1　塩少々

作り方　1　かぼちゃはスプーンで種を除き、3cm厚さのくし形に切る。さらに3cm角くらいの大きさに切り揃え、皮をところどころむく。面取りをする。

2　鍋に水1カップと砂糖、しょうゆ、塩を入れ、1の皮を下にして並べ、中火にかける。

3　煮立ったらふたを少しずらして、約20分煮る。煮汁が少なくなったら、鍋をゆすって水分をとばす。

おひたしやあえものは、調味料の配合もたいせつですが、その前の段階、野菜をゆでる時間に気をつけてください。時間を見てゆでたら、冷水にとって冷やします。こうすると、野菜がやわらかく、それでいてちょうどいい歯ごたえがある状態になります。小松菜やほうれん草のおひたしは、ゆでて冷水で冷まして、水気を絞ってから切りますが、切ったあとでももう一度、ギュッと水気を絞ってからあえます。手で絞るだけ、このひと手間で仕上がりの味のからみ方が違います。

このページで紹介したおかずは、どれも冷蔵庫で翌日でもおいしくいただけます。かぼちゃのじか煮や、いんげんのごまあえは、お弁当のおかず用に、最初から取り分けをされる方も多いようです。

小松菜のおひたし

材料(4人分) 小松菜1束　塩小さじ1弱　割りじょうゆ(だし汁大さじ2　しょうゆ大さじ1　砂糖小さじ1～1½)　削りぶし少々

作り方　1　たっぷりの湯に塩を入れる。洗って汚れをとった小松菜の根元から湯に入れ、葉先まで全部沈める。強火で2分程度火を通す。

2　氷水にとり、冷めたら水気を絞って4cm長さに切る。もう一度水気を絞る。

3　割りじょうゆであえる。器に盛り、削りぶしをのせる。

いんげんのごまあえ

材料(4人分)　いんげん200g　衣(白ごま大さじ3　砂糖小さじ1½　だし汁小さじ2　しょうゆ大さじ1)

作り方　1　たっぷりの熱湯にいんげんを入れ、すぐに塩少々(分量外)を加える。5～6分ゆでて色よくなったら氷水にとる。冷めたら水気をきり、取り出す。

2　フライパンにごまを入れて弱火にかける。ごまがふっくらしてきたらすり鉢にあけ、すりつぶしたら、砂糖、だし汁、しょうゆを加えて混ぜる。1を加えて衣をからめ、食べやすく切る。

まずは基本の味から

お料理のレシピを考える時は、何度も試作し、作り方の流れや、配合を考えます。それを原稿に書く時は、おいしく、作りやすくできるように、再度分量のチェックをします。

くり返すプロセスの中で、いちばんいいと思われるものだけを紹介していますので、まずはこの配合で作ってみてください。

それから、もう少し塩をきかせたい、甘いほうがいい、酸っぱいほうがいい、辛みを足したい……etc.ということがあれば、ほんの少し、味を足し引きしてください。家族の満足があれば、それが家庭の味なのです。

れんこんのきんぴら

材料(4人分)　れんこん1節　酢大さじ1　赤唐辛子1本　サラダ油・砂糖各大さじ1　しょうゆ大さじ1½

作り方　1　れんこんは皮をむき、太い部分は半月に切ってから薄い輪切りにする。水5カップに酢を入れた中に入れてアク抜きをする。

2　赤唐辛子は種をとって輪切りにする。

3　鍋を熱してサラダ油をなじませ、赤唐辛子を炒める。香りが出たら1の水気をきって加え、手早く炒める。砂糖としょうゆを加え、水気をとばすようにしてからめる。

玉ねぎのリングフライ

材料(4人分)　玉ねぎ大1個　卵½個　てんぷら粉½カップ　揚げ油適宜　パセリのみじん切り・クレソン各少々

作り方　1　玉ねぎは1cm幅の輪切りにし、輪を1枚ずつはずして大きさをそろえながら3〜4枚ずつ重ねる。

2　卵をほぐし、冷水を加えて½カップにする。てんぷら粉を加えてさっくり混ぜる。

3　揚げ油を中温に熱し、1のひと組を2をくぐらせて入れる。箸で軽くまわしながら色よく揚げる。パセリのみじん切りをふり、ケチャップ(分量外)をかける。

「さじ加減」ということばがあります。レシピの最後に、「味をみて塩味をととのえる」「味をみて、調味する」と書かれることもありますが、最後は、味見をして、調整することがいい場合もあります。特に塩味は、つけたあとでは戻せないので「味をみてから、ととのえる」ことが必要なのです。

塩少々はどのくらいかという質問もよく受けますが、親指とひとさし指でつまんだ量と答えます。でも人によって指の大きさは違いますし、加える対象の量によっても、当然塩味のきき方が違います。この頃は塩の種類が増えて、塩辛さの度合もいろいろです。

まずは基本の味をみて、それから加減。数字だけでは表せない量の味つけがあるから、料理は奥が深いし、おもしろいのです。

里いもの煮っころがし

材料(4人分)　里いも8～10個　塩小さじ1　だし汁3½カップ　砂糖大さじ3　しょうゆ大さじ1½

作り方　1　里いもは泥を洗い落とす。六角になるよう皮をむいて水にさらす。塩をまぶしてよくもみ、水洗いする。その後鍋に入れ、2～3分ゆでてざるに上げる。

2　鍋にだし汁を入れて中火にかけ、煮立ったら1を入れて5分ほど煮る。砂糖を加えてアクをとり、10分ほど煮てしょうゆと塩少々(分量外)を加え、落としぶたをして弱火で15～20分煮る。最後はやや強火にして煮きる。

厚焼き卵

材料(2人分)　卵2個　砂糖大さじ1½　だし汁・酒各大さじ1　塩少々　かいわれ菜少々

作り方　1　ボウルに卵をほぐし、砂糖、だし汁、酒、塩を加えて混ぜる。

2　卵焼き器を熱し、サラダ油少々(分量外)を薄くひく。1を少し流して焼き、火が通ったら丸めて手前に寄せる。

3　あいた部分にまた1を流して同様に焼き、厚い卵焼きを作る。2cm幅に切り、かいわれ菜をあしらう。

File5

おにぎりは続くよ、どこまでも

巻いたり包んだり、詰めたりのせたり、混ぜご飯のおにぎりも人気。ご飯の量は少なめに、食べやすいよう、くずれない程度にしっかりにぎるのが原則です。

80年代後半から数えて、いちばん多く作った料理は、おにぎりかもしれません。はじめはお弁当の主食の1メニューでしたが、それが夜食に、おつまみに、おもてなしの懐石風に、パーティーメニューにと、場を変えて展開し「おにぎり50、いや60」という数を誇る、メインの特集になりました。

おにぎりは、ご飯と中に入れる具の組み合わせですが、ご飯の種類や具のバリエーション、味つけ、形、調理法、盛りつけ……と広がっていくんですね。だから「え、おにぎり、今度は80個?」ととても驚きながらも、おにぎりという、小さな世界の構成を考えることを楽しんできました。

もちろん「おいしい」のが基本ですし、炊きたてのご飯のおいしさとは別に、ある程度時間がたってもおいしくいただけることがたいせつです。焼肉にぎりやフライドチキンにぎり、天ぷらにぎりのように、おかずがしっかりしているものは、小さく作ったり、半分に切ったり、味をしっかりからめたり、全部を中に詰めるのではなく、上からのぞかせたりと、おにぎりとして食べやすいように仕上げます。小さな世界には、小さなチャレンジがたくさんあります。

梅干しとかつおぶしを混ぜて軽く埋め込み、青のりをたっぷりまぶしたおにぎり。基本は三角。

梅干しも甘いか酸っぱいかで意見が分かれるところ。これは刻んだ小梅を混ぜて、しそ巻きに。

梅マヨネーズを中に入れ、バターをぬって、フライパンでさっと焼いた香ばしい焼きおにぎり。

雑誌の特集では、おにぎりを分かりやすく分類。右側は「包むおにぎりグループ」かつおシート、とろろ昆布、赤じその葉、薄焼き卵など。左側は「混ぜご飯グループ」刻み昆布やしらすとごま、そぼろ卵、ほぐした鮭など。青じそや高菜など、上にワンポイントの味をのせて見た目も美しくまとめます。このグループは、和風味が人気です。

おにぎりは若い人だけでなく、小さなお子さんからご年配の方まで年齢を問わず人気のあるメニューです。「子供のお弁当におにぎりを入れると、とてもよく食べる」「食欲がなかったのに、おにぎりとおみそ汁を食べたら元気が出てきた」「彼は焼きおにぎりに一言あり」など耳にするエピソードもいろいろ。支持層の幅が広いから、おにぎり人気がずっと続くのでしょう。

私の女学校時代は、お弁当というと、いわゆる「日の丸弁当」で、ご飯の真ん中に梅干しが入っていました。私はその頃、梅干しがどうも苦手で、かつおぶしにおしょうゆをまぶしたものを、梅干しの大きさに丸めて入れた「偽日の丸弁当」をひとりだけこっそりと作っていました。よくそんなことを考える余裕があったものだと思いますが、食べることに必死で、楽しみはそれだけの時代でした。

おにぎり特集をすると、「究極のおにぎりはなんだろう?」という話がでます。焼肉やツナマヨネーズはもう定番として、やっぱり欠かせないものは梅干し、いやかつおぶし、鮭、たらこ、昆布etc.と意見続出。基本の具の人気はいつも変わらないものだ、と、かつおぶし派筆頭として、しみじみ思いますね。

焼きおにぎりはフライパン、焼き網、オーブントースターで。溶けるチーズのせ、うに卵黄、みそごま、バターナッツ、ベーコンパセリなど。

左上の缶は主人が出張先で買ってきてくれたスイスの古い缶。右端はパリの「ボワシエ」のチョコレート缶。子供や動物の絵柄も大好きです。

File6

小さなおみやげから知る世界

仕事やプライベートで海外に行かれた方から、おみやげをいただくことがあります。そして探してくださった時の話を聞きます。街の様子、お店のこと、人のこと。手にとると「へえ、こんなに変わったものがあるの？　ていねいに作られているのね。便利そうね。素敵だわねえ」とひとしきり感心。小さなおみやげの中に、行ったことのない、見たことのない、海の向こうの場所を、垣間見る気持ちになります。

チョコレートやキャンデーの小さな缶をいただくこともあります。先日も打ち合わせにいらした方に、きれいな缶をいくつも並べて少し得意げに説明しました。「これはスイスのおみやげ、こっちはベルギーのチョコレート缶なのよ」。「かわいい！」と興味津々ふたを開けて「先生、これ豆菓子が入っていますよ。こっちには薬が！」とのコメント。中身はもちろん前に、おいしくいただいてしまいました。次は1缶くらい、本物の入っているものを紹介しようと思います。

(左)りんごの芯取り器や、栓抜きのついたキッチンばさみ、ハーブが入ったカッティングボードなど便利な調理器具。生地がやわらかくならないように、中に氷を入れられるめん棒は、カメラマンの安東さんから。
(中)ヨハネスブルクのおみやげは、全部絵柄が違う子供達の刺繍クロス。
(右)アンティークのカトラリーセット。たいせつに使っています。

【第七章】

思い出のお菓子

甘いものから笑顔がのぞく

今の若い方達と同じように、私も小さい時から甘いものが好きでした。戦争中、規制の厳しい中でも、砂糖が手に入るとお菓子を作りました。終戦後は上野のアメ横に買い出しに行き、チョコレートでもバターでも、ほんの少しでも買うことができたら、胸にかかえるようにして帰ったものです。材料が揃わずにふくらみきれないスポンジケーキを、牛乳屋さんに申し込んでようやく手に入れた生クリームと、何粒かのいちごで飾った時は、おおげさではなく、夢見るような心地でした。

思えば、人生の節目にはお菓子がありました。食べ物で人が笑顔になることを知ったのは、戦争中に作ったドーナツからですし、結核療養中にいただいた、いくつかの甘いものは、元気になってまた食べたいという、生きる希望を与えてくれました。そして結婚の翌年にガンで入院した際に、生まれて初めて書いたレシピがフレンチトーストでした。

単調で、ともすれば絶望的になる入院生活、朝食は食パンとバターひとかけらと牛乳と生卵1個というものでした。それに飽きていた私は、ある日思い立ってお砂糖を少しもらい、配膳室の隅にあった小さなガス台で、おままごとのようにフレンチトーストを作りました。いい香りがしたからでしょう「それ、どうやって作るの？」と先生や看護師さんに珍しがられました。聞かれるままにレシピを紙に書いて渡し、それが「作ってみたら、とってもおいしかった！」という、翌日のみんなの笑顔になりました。

甘いものを食べる時に味わう幸福感は、その頃も今も、まったく変わりません。

ドーナツ

材料　24個分

薄力粉……375ｇ
ベーキングパウダー……小さじ2
砂糖……150ｇ
卵……3個
牛乳……大さじ5
バター……大さじ2
バニラエッセンス……少々
揚げ油……適宜
打ち粉……適宜
仕上げ
　砂糖……大さじ5
　片栗粉……大さじ1

作り方

1　薄力粉とベーキングパウダーは一緒にふるっておく。
2　牛乳とバターは電子レンジまたは小鍋で煮溶かしておく。
3　ボウルに卵を割り入れ、軽く泡立て、砂糖を2〜3回に分けて入れ、バニラエッセンスも加える。
4　1の粉と2の液を交互に加え、さっくりと混ぜ合わせる。
5　冷蔵庫で1時間くらいねかせて、生地を落ち着かせる。
6　打ち粉をふった台にとり、1㎝厚さくらいにのばして、ドーナツ型で抜く。抜いた真ん中の丸い部分も揚げるとボンボンドーナツになる。生地がやわらかいので、少しずつ取り分けて、残りは冷蔵庫で冷やしながら進めるとよい。
7　揚げ油を中温に熱し、6の型で抜いた生地を3〜4個ずつ入れる。箸で輪の中をくるくる動かしながらきつね色に揚げる。
8　砂糖と片栗粉を合わせておき、揚げたてのドーナツのまわりにまぶす。

昭和４年の「料理相談」

はじめに書いたように、16歳の時に作ったドーナツの作り方が載っている「料理相談」という本は、昭和４年発行、もう80年も前のものです。小さなサイズの中に、和洋中のメニューがぎっしりと紹介され、材料の切り方や調理道具、作り方のコツ、料理用語や保存法までも、驚くほどていねいに書かれています。ページの上段は今でいうコラムになっていて、お菓子を紹介。ドーナツのレシピもここにあります。

前ページのレシピの「薄力粉３７５ｇ」を不思議に思われるかもしれません。これは尺貫法という昔の計量法からきているもので、１匁が３・75ｇ。粉の分量は１００匁、砂糖１５０ｇは40匁になります。私はこの味がなんといっても好きなので、ドーナツだけは尺貫法時代の配合。16歳の時からずっと変わらない、文字通り、なつかしの昔の味です。

缶にアルミホイルをしいて、ドーナツを重ならないように並べ、ラップはかけないでおきます。これがいちばんしっとりする保存法。人に差し上げる時もこの形です。

ドーナツは冷めてもおいしい、むしろ時間がたつと、しっとり味がなじんできます。先日もこのドーナツを手みやげとして差し上げた方が「1個食べると、すぐにもう1個食べたくなる味ですねえ」とおっしゃっていました。家庭で作るおやつのよさを言い当てていることばだと、とてもうれしく聞きました。今はもっと大きくてトッピングがされていたり、ココアやスパイスやチーズなどの味の入ったドーナツがたくさん市販されています。それももちろんおいしいけれど、家で作るなら、小ぶりでシンプルで、なんの飾りもついていない、昭和4年の、オールドファッションドーナツに戻ります。

左の写真を見るとわかるように、「料理相談」のドーナツのページには油のしみがしっかりついています。台所でこのページを開いて、小さな字を見ながら、何度も何度も作っているうちに、こうなったのでしょうね。

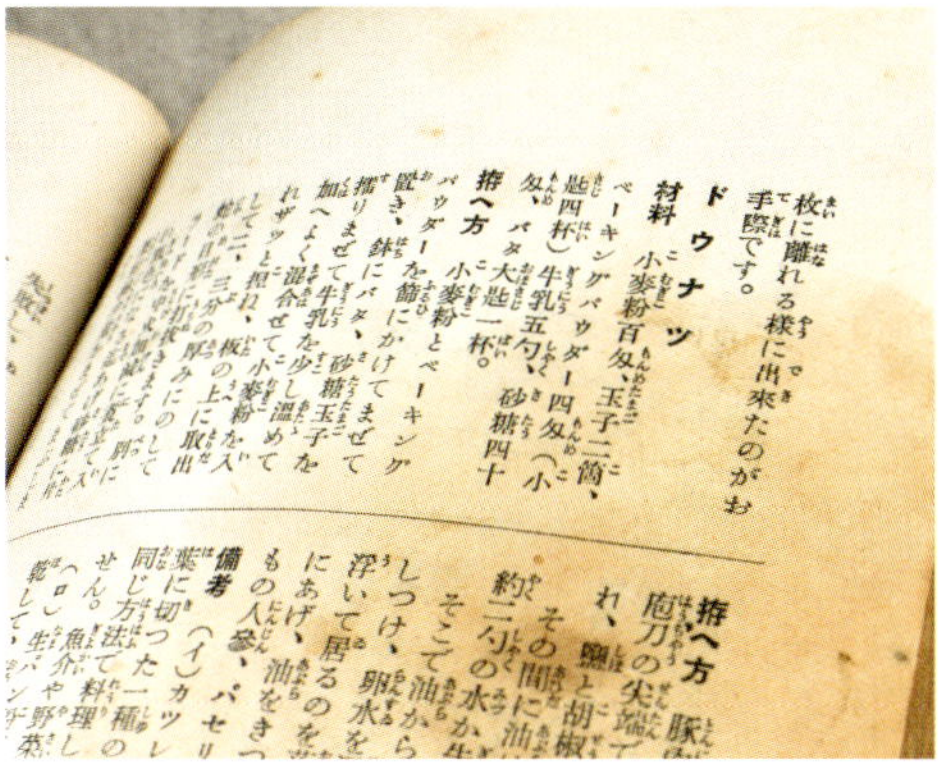

このページは下段に豚肉のお料理、上段が「ドウナツ」。続くお菓子のレシピは「マッフイン」でした。疎開した際に、本やアルバムは一緒に持っていけないので、小石川の家の土蔵の地下に、ホウロウびきの缶に入れてしまっておきました。私と同じく戦争をくぐり抜けた、昭和の料理本です。

フレンチトースト

材料　4人分

卵……2個
牛乳……1カップ
砂糖……大さじ2
バニラエッセンス……少々
食パンまたはイギリスパン……4枚
バター……大さじ2
粉砂糖……適宜
メープルシロップ……適宜
ミントの葉(あれば)……少々
ラズベリー、ブルーベリー(あれば)……適宜
※バゲットで作ってもおいしい。

作り方

1　ボウルに卵を溶きほぐし、砂糖、牛乳、バニラエッセンスを混ぜる。
2　パンを食べやすい大きさに切って1に浸す。
3　フライパンにバターを溶かし、2を両面きつね色に焦げ目をつけて焼く。
4　メープルシロップ、粉砂糖をかけていただく。あればミントの葉とベリー類を添える。

フリュイ・デギーゼ

材料　27個分

アーモンドパウダー……120 g
粉砂糖……120 g
キルシュ……大さじ2
インスタントコーヒー……大さじ½
食紅……少々
ペパーミントリキュール……少々
干しプラム(種なしのもの)……9個
デーツ(なつめ)……(小) 9個
くるみ……9個
グラニュー糖……適宜

作り方

1　食紅は少量の水で溶く。インスタントコーヒーは少量の熱湯で溶く。
2　プラムとデーツは縦半分に切り込みを入れ、デーツはていねいに種を除く。くるみは2つ割りにする。
3　アーモンド生地を作る。アーモンドパウダーと粉砂糖を混ぜ、キルシュを中心から加えて手で混ぜ合わせ、3等分する。それぞれに1の食紅、コーヒー、ペパーミントリキュールを加えて手でよくこねる。
4　3色の生地をそれぞれ9等分して、くるみは丸めた生地を両側からはさむ。
5　デーツとプラムの中には、細長く形作った生地をはさみ込む。
6　4と5の生地部分にグラニュー糖をまぶす。

思い出深い「フリュイ・デギーゼ」を、スタイリストの福泉さんが、パリに行かれた時に探してくれました。最初はどこにでもあると思っていたのに、ボンマルシェにもプランタンにも、思いつく限りのお菓子屋さんにもない。フリュイのRの発音が悪いのかと思い、何度も発音練習をし文字に書いても、相手にされない。最後に訪ねた、マドレーヌ広場の「フォション」でも通じず、もう帰ろうと思ったところ、お店の奥から出てきた年配の男の人が「デギーゼならこのことでしょ」と出してくれたのが、左のお菓子です。名前は「パテ・ダマンド」と呼ぶそうですが、食べてみると、まさにデギーゼの味。名前は変わっても味は少しも変わらない。福泉さんの、デギーゼ捜索話をうれしく聞きながら、パリのお菓子屋さんの伝統を、深くかみしめていただきました。

マダム・ダルバスとお菓子

パリでの充実した暮らしの中で、何よりも心に残っているのは、マダム・ドゥ・ラ・コンテス・ダルバス（ダルバス伯爵夫人）との出会いです。古い大きな館にお住まいでしたが、カーテンの取り替えはもちろん、ドアノブの交換や椅子の張り替えなども、すべてご自分で指示されていました。紫がよく似合う方で、古いワンピースもボタンをつけ替え、アクセサリーを上手に使い、おしゃれに着こなされていました。会話も料理も、何でもマダム・ダルバスに教えていただきました。フランス料理と日本の料理との共通点を見つけて、意気揚々と話すと「まあ、そうなの。東洋と西洋とで味つけは違うけれど、原理は同じことなのねえ」とにっこりされました。私は目の前がすうっと開けた気がしたものです。

フリュイ・デギーゼは、思い出尽きないマダム・ダルバスが作ってくださったお菓子で

下の写真の左端が主人、隣がマダム・ダルバス。広い館の隅々まで、ものをたいせつにする気持ちがあふれていました。美しく暮らす知恵も教わったと私は思います。

す。アーモンドの粉と粉砂糖とキルシュを手でよく混ぜて丸め、プラム、くるみ、デーツという3種類の材料ではさんだものです。マダムはこれを、きれいな箱に並べて素敵なラッピングでプレゼントしてくださいました。オーブンや冷蔵庫を使わない、手で混ぜて形作るお菓子です。「日本でいうと、京都の干菓子の感覚かしら、アーモンドの粉はきなこのような使い方なのかも」と、私は和菓子を思い浮かべながらいただきました。

「デギーゼ」ということばを辞書でひくと、「変装した、包み隠された」とあります。「フリュイ・デギーゼ」は果物を模したお菓子、あめなどをかぶせた小さい果物、と書いてありました。ペーストの色を分け、くるみやデーツなどではさむ仕上げは、マダム・ダルバスに教えられたとおりのものです。デギーゼは一度にたくさん食べるものではありません。ひとつかふたつ、濃いフレンチコーヒーと一緒に、少しだけ優雅な気分でどうぞ。

オーブンや冷蔵庫を使わず、材料を混ぜて丸めてお菓子にする、フリュイ・デギーゼに刺激されたのでしょうか、私もこのクルクル丸めお菓子を時々作ります。上は「ラムボール」。細かくくずしたカステラとアーモンドパウダー、刻んだチョコレートとレーズン、ラム酒を混ぜて手で丸め、ココアをまぶしたお菓子です。プレゼントやおみやげのお菓子として、特にクリスマス時期によく作ります。

そしてプリンで終わる

家庭用オーブンの機能がよくなって、蒸し焼きにするお料理やお菓子が、とてもおいしく簡単にできるようになりました。カスタードプリンはその代表。卵、牛乳、砂糖というごく身近な材料を使って、みんなが大好きなお菓子が作れるのはうれしいことです。ここでは少し濃厚な味にしてココット型で作りましたが、少し大きな型で焼いて、取り分けることもできます。焼き上がりはオーブンにまかせて、少し気を配りたいのがカラメルソース。ごく弱火であめ色にし、すぐに熱湯をジュッ、すぐに混ぜて、すぐに火からおろしてなめらかに混ぜます。もたもたしていると焦げてしまうので、気をつけて作ってください。

私が料理を習い始めた時に教えてもらったように、この本のレシピの最後は、スプーンでいただくデザート、プリンで締めくくりたいと思います。

ごちそうさまでした。

カスタードプリン

材料　ココット型4個分

卵……1個
卵黄……3個分
牛乳……1½カップ
砂糖……100ｇ
バニラエッセンス……少々
カラメルソース
　砂糖……大さじ3
　水……大さじ1
　熱湯……大さじ3

作り方

1　鍋に牛乳と砂糖を入れ、沸騰しないよう弱火で温め砂糖を溶かす。
2　大きめのボウルに卵（全卵）と卵黄を入れてほぐし、1を加える。裏ごししてバニラエッセンスをふる。
3　ココット型に2を流し入れる。
4　1cm高さに湯を張った天板にのせ、150度に熱したオーブンで30〜40分蒸し焼きにする。ごく弱火の蒸し器で蒸してもよい。
5　カラメルソースを作る。小鍋に分量の砂糖と水を入れて弱火にかけ、あめ色に色づいてきたら熱湯を加えて手早く混ぜる。すぐに火からおろしてなめらかに混ぜ冷ます。冷めた4にかける。

歴史を語る、大好きなお菓子たち

昔からずっと変わらない味で続いている、お店のお菓子があります。

同じ味が、同じようにあることがうれしく、食べるたびに、いろいろな思い出に浸ります。

子供の頃、うちにいらっしゃる方が手にしていたお菓子の包みを見て、とてもうれしかったこと。

一度食べてからずっと忘れられない味。それを人に差し上げた時の「ありがとう」の言葉……。

幸福な思い出がいっぱいあるから、今もずっと、変わらない味をくり返し選び、贈り、変わらない笑顔でいただきます。

ゴーフル
上野風月堂

洋風せんべいともいえる薄く軽い生地に、薄くはさまれた口どけのいいクリーム。上野広小路のお店には、女学校時代から、わくわくしながら通ったものでした。

トリオ・シュー
柏水堂

ふつうの生クリーム、チョコレート味、コーヒー味、3色のクリームが入ったミニシュークリーム。量もちょうどよく、おいしい紅茶と一緒に、よくいただきます。

ソネット
柏水堂

クッキーの間にバタークリームとラム酒漬けレーズンの、おいしく食べやすい味。このお店は、神保町交差点すぐ近く、私の女学校時代から立ち寄っている場所です。

ロールケーキ
近江屋洋菓子店

バタークリームのロールケーキが、懐かしくおいしい。箱の絵が愛らしく、持って帰る時も、人に差し上げる時も、とてもうれしくなります。ここのアップルパイも好き。

ネコの舌
三木製菓

卵とバターをたっぷり使った、薄手でサクサクとした素朴なお菓子。旅行先の熱海で知って以来50年、お正月のおつかいものとして、最近は毎年、取り寄せをしています。

洋菓子

たとえば泉屋のクッキー、
近江屋のロールケーキ、
上野風月堂のゴーフル、
バターやクリームの味を
知り、お菓子の名前を
一生懸命に覚え、次に食べ
られる日を楽しみに
待ったものでした。
私の洋菓子の体験は、
こうした味から
始まりました。

東京カステラ
上野風月堂

表面にきれいに焼き色がついた、銅釜で焼くカステラ。生地のきめが細かく、パウンドケーキのような口当たりです。少しレトロな缶も、差し上げた方から喜ばれます。

バタークッキー
泉屋東京店

昭和2年創業の、日本で最初のクッキー店。紺と白の缶がとってもおしゃれ。リング型のクッキーが大好きで、いつもいちばん最後に、大事に残しておいたものでした。

キスチョコレート
ハーシー

母のおじが、70年も前に、アメリカで買ってきてくれた、私のチョコレート入門の一粒。缶に描かれた子供の絵も憧れでした。ハーシーチョコとは、戦後アメ横で再会。

リーフパイとサブレスト
銀座ウエスト

お見合いの席で、手みやげにしてとても喜ばれたのがリーフパイ。香りのよいアーモンドスライスが入ったサブレストと一緒に、仕事で地方に行く時もよく持参します。

もみじ山
銀座風月堂

卵たっぷりの、やわらかい生地にカスタードクリームが入った、丸いお菓子。もみじの絵の包み紙も和菓子の感覚ですが、味は洋菓子。忘れられない味と名前です。

和菓子

時には贈答用として、季節を意識した和菓子を選びますが、
ふだんは、気軽に食べられる、おやつ感覚の和菓子が好きです。
お菓子とお茶があって、おしゃべり。おいしいお菓子を食べている時は、いくつになっても皆、話がはずみますね。

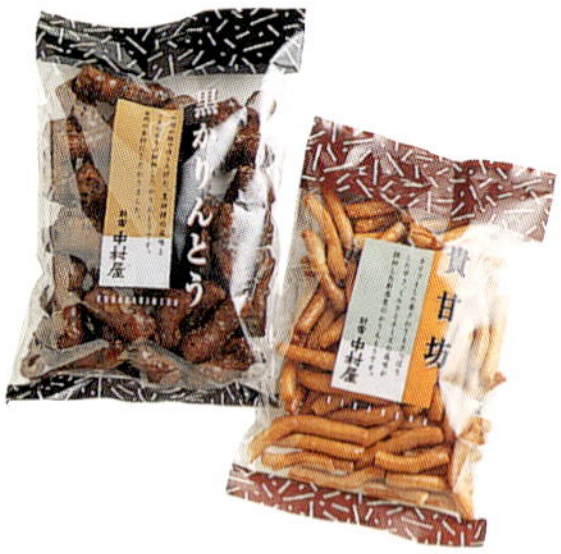

黒かりんとうと貫甘坊

新宿中村屋

甘すぎず、大きすぎず、品よく口に入る、黒砂糖のかりんとうと、ミルクのやさしい甘みの貫甘坊。一度聞いたら忘れられない名前、そして忘れられない味です。

花園万頭

花園万頭

小ぶりで食べやすい大きさ。あずきと、ざらめと三盆糖を原料にしたあんが、上品な甘みです。ちょっと甘いものを、という時のおみやげによく使います。

萬祝

庄之助和菓子店

型で抜いた、おいしいお赤飯が、箱に入れられ、きれいに包装されています。自分用のお昼ごはんに買って帰ることもあり、お祝いの膳に贈ることもあります。

亀の子せんべい

押上せんべい本舗

ひと口で食べられるカリカリのおせんべいが小さな亀の形をしています。最初ここの「ぬれせん」を知り、取り寄せをするうちに、亀の子せんべいを知りました。

黄金芋

寿堂

主人の妹の嫁ぎ先の会社が近くにあった縁で、人形町の甘いものを知りました。ニッキの香りの芋菓子で、1個ずつの包装。みんなが大好きな、スイートポテトです。

雲井の桜

とらや

少し改まった席に、いいものを持っていこうとすると、やはり行き着くのは虎屋の羊羹です。季節で変わる味もあり、色と切り口からのぞく季節感が、趣深い一品。

珍味揃
珍味堂

のり、えび、わさび、梅、れんこん、豆……いろいろな味のおかきや揚げせんの詰め合わせ。缶のふたを開けた時に、うれしくなるくらいきれいな色合いです(予約制)。

どら焼き
うさぎや

はちみつ入りのやわらかい皮と、粒あんがやさしいおいしさです。行列に並んで買って、半分に切って、切り口の美しさを堪能してから、ほうじ茶でいただきます。

蛸まん
蛸松月菓子舗

150年の歴史がある、浅草田原町の老舗の名物。蛸が入っているのではなく「入っているような口当たり」からの名前とのこと。並ぶ人気の「蛸最中」も好きです。

ごま大福
庄之助和菓子店

神田須田町交差点、昔からの散歩道にあるお店。ごまの味が上品で、中のあんことのバランスが絶妙。その日に食べるのがおいしいので、すぐに帰っていただきます。

勘三郎せんべい
福屋

見るからに茶色く、しょうゆ味が香ばしい堅焼きせんべい。素朴で堅実。そこがまたくり返し食べたくなるところです。だから何十年も買い続けています。

江戸瓦　暦
松崎煎餅

四季折々の江戸の花鳥風月の絵柄が入った瓦せんべい。目で楽しみ、食べておいしい、銀座の味だと思います。仕事関係の方はよく、海外へのおみやげにされるとのこと。

File7

家政学院で学んだこと、伝えていくこと

昭和18年に入学した東京家政学院は、日本に家政学という学問を樹立したといわれる、大江スミ先生が私の生まれた年、大正14年に創られた学校です。何を勉強したかと聞かれると、いつも「今こうして仕事をしている基盤のすべて」と答えます。

お裁縫を例にとると、もののない時代に、自分で生地を探してていねいに作ること、たいせつに作ったものの洗濯、糊づけ、アイロンがけ、たたみ方、しまい方、使い方まで、一連の流れを、考えて進めることを習いました。限られた条件の中で、どうしたら合理的に、まわりに迷惑をかけずに、満足のいくように仕上げるか、知識だけではなく、知恵を使うということも、ここで徹底的に教えていただきました。

卒業後も同窓としてのお付き合いがずっと続き、現在は客員教授という肩書をいただいて、孫ともいえる世代の学生さんに、年に数回の授業をしています。思いやりや感謝の気持ちをもつこと、知識を誇るのでは

大江スミ先生は、いつもつつましくきれいに装った方でした。先生の教えのもと、ささやかな喜びを見つけながら、戦時下の青春を、たくましく生き抜くことができました。

大江先生の学長室には、いつも花が飾られていました。3月10日の東京大空襲で校舎が焼けてしまうまでは。

戦火が激しくなり、繰り上げとなった昭和19年秋の卒業写真。自分で縫った制服とシャツを着ています。

なく、知恵を使って実践すること、そんな暮らし方を、未来ある若い世代に、ぜひ伝えたいと思っています。

私の話すことの中に、これからの長い人生で役に立つことがあれば、こんなにうれしいことはないので、今年もまた杖を手に、母校に向かうのです。

前回の授業風景。授業当日に配るレシピに書いてあるのは材料のみ。作り方は各自が自分で分かるように空欄に書くことにしています。自分で考えてまとめないと身につかない、これも大江先生の教えです。

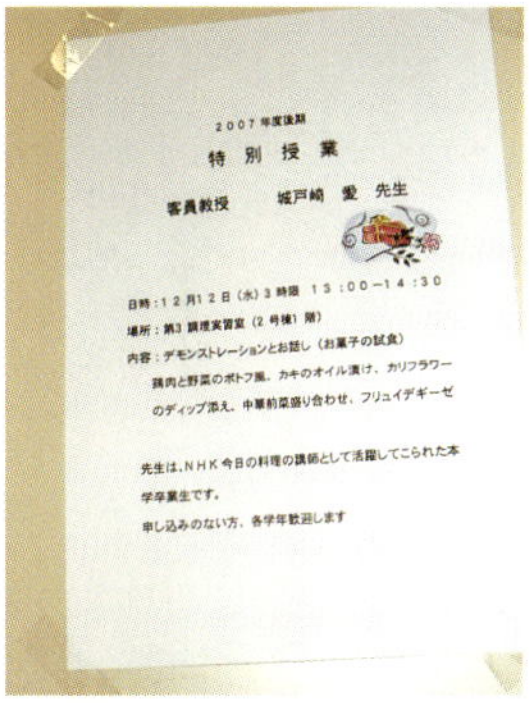

校章はばら。戦後校舎は新しくなり、幾度か改修されましたが、ばらは今も、校門正面に紅白の花を咲かせています。

材料や道具は調理台に並べ、授業前に目で見て確認できるようにします。テレビ画面で手元を映し、マイクで調理中の音もひろってもらいます。目で見て、耳で聞く、料理の基本です。

「ありがとう」と「おかげさまで」

83年の人生の半分以上の年月を「料理研究家」という肩書きをいただいて、過ごしてきました。雑誌やテレビの若いスタッフに助けられ、現場はいつも20代から80代という年齢幅の広い環境になります。世代の差はありますが、皆が同じ目標に向かって歩み寄り「おいしいね」の笑顔が見えるように、と仕事をこなしてこられたことは、料理研究家冥利につきます。

長年にわたって、本当に「おいしいね」の笑顔が見え、声が聞こえるような、美しい写真を撮ってくださっている安東紀夫先生に、心からの感謝を申し上げます。また数々のセンスを教えてくださり、この本の撮影時には、旅行中のパリでもお菓子や小物探しをしていただいたスタイリストの福泉響子さん、新しく撮影した料理写真から、私のアルバムのものまで、古今の写真を素敵にまとめてくださったデザイナーの山下知子さん、本当にありがとうございました。

今までの私の集大成として、この本の出版を強く勧めてくださった、集英社の大塚寛常務、黒田祐司第十編集部部長、担当の安原みゆきさん、大変お世話になりました。また雑誌ノンノやモアで仕事を始めた頃から、温かく見守り育ててくださった方々、当時のノンノ編集長麻木正美さん、草彅紘一さん、山本大介さん、他にも限りある紙面では書ききれないほど多くの皆様から元気をいただき、本を上梓させていただくことができました。

本当に、おかげさまで、そしてありがとうございました。

２００８年初夏

城戸崎　愛

料理アシスタント
藤野美智子
岩崎佐知子
沼尻真理子
——以上3名に感謝をこめて

城戸崎 愛

（きどさきあい）
1925年（大正14年）神戸に生まれる。
東京家政学院卒業。
30歳の時、食道楽の家に嫁ぎ、
家庭料理の研鑽に努めるとともに、
東京會舘クッキングスクールや
パリのコルドン・ブルーで料理を学ぶ。
1959年より料理研究家として仕事を始め、
以来、今日に至るまで、
雑誌、テレビ、書籍などで活躍。
最近は自身の糖尿病体験や、シニア世代の生き方を
講演会などで話す機会も多い。
「命の鍵は食生活にあり」を信条に、
食べることのたいせつさを伝え続けている。
著書に『戦火とドーナツと愛』（集英社 be 文庫）
ほか多数。

撮影 安東紀夫

アートディレクション　山下知子
デザイン　GRACE.inc
スタイリスト　福泉響子

伝《つた》えたい味《あじ》

著　者　城戸崎 愛
発行日　2008年6月30日　第1刷発行

発行者　和田美代子
発行所　株式会社　集英社
〒101-8050　東京都千代田区一ツ橋2-5-10
電　話　（編集部）03（3230）6289
（販売部）03（3230）6393
（読者係）03（3230）6080
印　刷　凸版印刷株式会社
製　本　株式会社ブックアート

ISBN978-4-08-333101-5
定価はカバーに表示してあります。